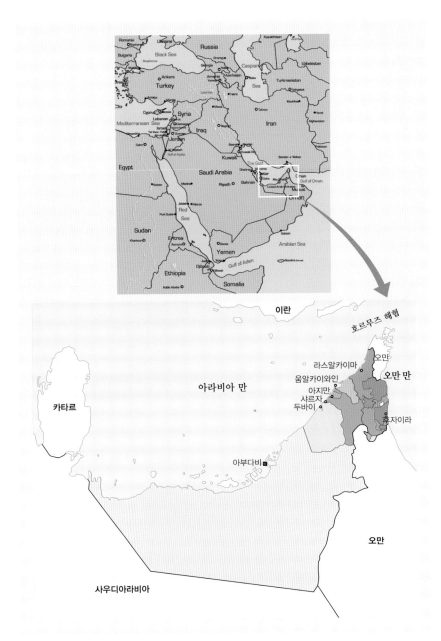

아라비아 반도에 위치한 아랍에미리트연합(UAE: United Arab Emirates)은 아부다비, 두바이, 샤르자, 아지만, 움알카이와인, 라스알카이마, 후자이라 7개의 에미리트(토후국)들이 1971년 연방국으로 새로이 출발하면서 탄생했다.

과거 베두인에게 낙타는 없어서는 안 될 중요한 이동수단이었다. 지금은 사막지역의 농장(아래 오른쪽)에서 방목 형태로 사육되는데, 주로 관광이나 식용 목적으로 쓰인다. 최근 낙타육(肉)과 낙타유(乳)를 활용한 식품 개발이 활발히 진행되고 있다.

사막의 도로를 운전하다 보면 낙타를 만나기도 한다(아래 왼쪽). 흥미로운 경험이지만 큰 사고로 이어질 수 있어 매우 위험하므로, 밤에는 특히 조심해야 한다. 사막 위 고속도로 주변의 철책은 낙타의 이동을 제한해 교통안전을 지키기 위한 경우가 많다.

기온이 50도가 넘는 사막에서 물은 곧 생명이다. 사진(위)은 아부다비 에미리트의 내륙도시 알아인의 오아시스이다. 이러한 오아시스 지역에서 자라는 대추야자(아래)는 사막 지역의 대표적 식량으로, 종려나무라고도 불린다. 사막에서는 손님이 오면 차와 함께 대추야자를 대접하며, 추수철인 7~8월에는 대추야자 축제(Dates Festival)가 열린다.

사막에서도 즐길 거리가 많다. 사막에서 펼쳐지는 낙타경주는 전통적으로 인기 있는 대회이다. 사고 위험이 높아 요즘에는 낙타 등에 사람 대신 인형을 태우고 달리며 응원하는 자동차가 옆에서 함께 달린다.

사막사파리는 인기 높은 관광상품이다. 사막언덕을 사륜구동 자동차로 곡예하듯 오르내리며 달리는, 박진감 넘치는 체험을 즐길 수 있다.

석유가 발견되기 전 아랍에미리트 사람들은 여름철 아부다비 섬에서 진주를 채취해 생계를 이어나갔다. 그러기 위해서는 '사막의 배'라고도 불리는 낙타를 타고 일주일간 사막을 가로질러야 했는데, 그야말로 목숨을 건 여정이었다.

오늘날에는 사막에 도로가 생기고 일주일이 걸리던 거리를 2시간 만에 주파할 수 있게 되었다. 주위의 사막언덕이 멋진 풍경을 선사하지만 모래가 쓸려 나와 있을 때는 도로가 매우 미끄러우므로 눈길을 운전하듯 조심해야 한다.

아랍에미리트에서는 일년에 두 번 계절이 바뀔 때 모래바람이 분다. 이 시기에는 아부다비 시내도 시야가 뿌옇게 흐려지는 경우가 종종 있다.

사우디아라비아와의 국경 근처, 세계 최대 사막의 하나인 룹알할리 사막 가장자리에 카스르 알 사랍 호텔이 들어서 있다. '신기루의 성'이라는 이름처럼 몽환적이고 아름다운데, 담수한 물을 끌어들여 오아시스처럼 수영장을 만들어놓은 것이 경이롭기까지 하다. 사진(아래)의 오른편 멀리로 사막에 자생하는 식물들이 군데군데 보이는데, 비 한 방울 오지 않는 고온의 환경에서도 생명이 자라는 것이 신비롭다.

1971년 기존의 7개 토후국들이 모여 신생 연방국으로 출범한 아랍에미리트연합은 통합을 매우 중요시한다. 연방창립 국경일인 12월 2일이 되면 건물들은 화려하게 치장되고 갖가지 장식으로 꾸며진 자동차들이 거리를 가득 메운다. 차량 바깥으로 스프레이를 뿌리며 나팔을 불기도 하면서 축제 분위기가 달아오르고, 사람들이 모이는 주요 지역은 심한 교통정체로 몸살을 앓기도 한다.

우리나라의 가을 날씨 같은 아랍에미리트의 겨울철에는 이층버스를 타고 편안하게 앉아 아부다비 시내를 구경하는 것도 좋은 방법이다.

수도 아부다비는 지금도 개발이 끊임없이 진행되고 있다. 가장 높은 건물 바로 왼쪽에 책처럼 접힌 모습의 건물이 세계에서 가장 큰 국부펀드 중 하나인 아부다비 투자청(ADIA) 건물 본부인데, 우리나라 건설업체가 지었다. 아부다비 앞 바다는 아라비아 만으로 수심이 낮고 바다색이 아름답기로 유명하다.

아부다비의 대표적 명소 중 하나인 에미리츠 팰리스 호텔은 금을 주제로 하여 실내가 대부분 금색을 띠는데, 크리스마스 때는 고가의 보석으로 트리를 장식하기도 한다. 커피 위에 금가루를 뿌려주는 에미리츠 카푸치노가 유명하며, 그날의 시장가격으로 금을 파는 금 자판기도 있다. 코니시 해변의 야경을 담은 사진(아래)에는 왼편으로 에티하드 타워가, 오른편으로 에미리츠 팰리스 호텔이 보인다.

아랍에미리트가 자랑하는 이슬람사원인 그랜드 모스크는 아부다비의 또 다른 대표적 명소로, 순백색의 80여 개 돔을 가지고 있다. 야외 기도공간은 이탈리아산 특수 대리석으로 만들어져 한여름 태양에도 쉽게 뜨거워지지 않는다고 한다. 해가 떠 있는 낮 동안 금식해야 하는 라마단 기간에는 천막을 치고 원하는 모든 방문객에게 해가 저문 후 첫 번째 식사인 이프타르를 제공한다.

그랜드 모스크는 야경으로도 유명한데, 달의 모양에 따라 빛의 테마와 밝기가 달라지는 특수 조명을 갖추고 있어 밤에 더욱 신비스러운 모습을 띤다.

이슬람에서는 우상숭배를 금하기 때문에 그랜드 모스크 내부는 대부분 기하학적 문양이나 꽃의 모습으로 장식되어 있다. 카펫은 이란산으로 이음새 없이 전체가 하나로 디자인되고 직조되었다고 한다. 또한 엄청난 크기의 화려한 샹들리에는 독일 업체가 제작하였다고 하는데, 사진(아래)은 그중 제일 큰 것으로 무게가 대략 12톤에 달한다.

멀리서 바라본 두바이의 스카이라인은 뉴욕의 맨해튼을 연상케 한다. 가운데 우뚝 선 것이 총 162층, 높이 828미터의 세계에서 제일 높은 부르즈 칼리파 빌딩이다. 사막 토양에 초고층 빌딩을 수도 없이 올리는 것이 경이로운데, 땅속 깊이 암반층까지 파고 들어가 파일을 박아 단단하게 고정하면 초고층 건물을 짓는 데에도 문제가 없다고 한다.

주상복합 빌딩으로 호텔과 아파트, 사무실로 구성되어
있는 부르즈 칼리파는 우리나라의 삼성물산이 시공했
다. 매년 12월 31일 자정에는 불꽃놀이가 행해지는데,
전 층에서 폭포처럼 쏟아져 내리는 불꽃이 장관을 이
루며, 이를 보기 위해 전 세계에서 사람들이 몰려든다.
영화 〈미션임파서블4〉에서 톰 크루즈가 외벽을 타고
올라가는 장면이 등장해 유명세를 탔다.

124층의 전망대에서는 부르즈 칼리파 단지의 전경이
내려다보인다(아래 오른쪽). 왼편으로 보이는 지붕은
세계에서 매장 면적이 가장 넓은 두바이몰이다. 오른편
으로는 춤추는 분수, 호텔, 각종 음식점과 쇼핑센터가
입주한 상업지구가 단지를 구성하고 있다.

두바이를 부르 두바이(Bur Dubai)와 데이라(Deira) 두 지역으로 가르는 두바이 크리크(creek, 내해)는 강처럼 보이지만 바닷물이 안으로 들어와 있는 해수 채널이다. 이러한 지형적 요인 덕분에 두바이는 오랜 기간 해상 무역의 중심지가 되어왔다.

두바이 크리크로 나뉜 양쪽 지역은 해저터널과 작은 목선, 교량으로 연결된다. 사진은 두바이 크리크를 운행하는 전통적인 배의 모습이다.

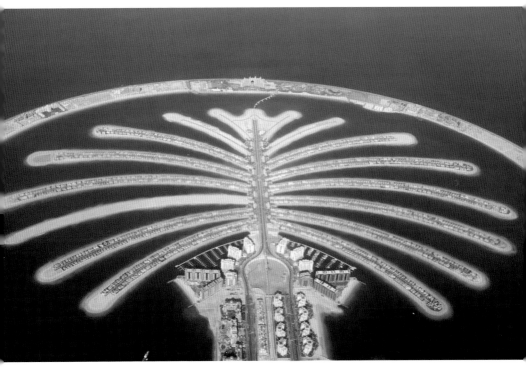

두바이의 인공 섬 팜 주메이라는 계획 단계부터 그 창의성으로 세상을 놀라게 했는데, 야자나무 모양으로 설계한 덕에 두바이 전체 해안선 길이가 늘어나는 데 기여했다고 말해진다. 야자나무 모양의 가지마다 고급주택들이 양쪽으로 늘어서 있으며, 가운데 줄기 부분을 운행하는 모노레일을 타면 바깥쪽 끝단의 중앙에 위치한 아틀란티스 호텔에 도착한다. 방파제를 겸해 바깥쪽에 조성된 이 지역을 '초승달(crescent)'이라고 하는데, 이곳에는 새로운 고급 호텔이 계속해서 들어서고 있다.

아틀란티스 호텔은 독특한 형태의 외관도 인상적이지만 거대한 수족관과 환상적인 내부 장식으로 유명하여 많은 관광객이 찾는 두바이의 명소다.

2009년 이후 우리나라와 아랍에미리트의 관계는 더욱 긴밀해졌으며, 아랍에미리트는 이제 중동 전체에서 한국 교민이 가장 많이 사는 나라가 되었다. 우리나라에 대한 현지의 관심도 뜨거운데, 대학 내 한류 클럽의 활동이 활발하며 한국말을 배우려는 이들도 크게 늘어났다. 사진은 UAE대학 아리랑클럽 행사(위)와 제1회 UAE 한국어 말하기 대회(아래)의 모습이다.

사막 위에 세운 미래,
아랍에미리트 이야기

사막 위에 세운 미래,
아랍에미리트 이야기

2014년 2월 28일 초판 1쇄 발행
2021년 2월 9일 초판 6쇄 발행

지 은 이 | 권태균 · 지규택
펴 낸 곳 | 삼성경제연구소
펴 낸 이 | 차문중
출판등록 | 제1991-000067호
등록일자 | 1991년 10월 12일
주록일소 | 서울특별시 서초구 서초대로74길 4 (서초동) 28~31층 (우137-955)
전록일화 | 02-3780-8153(기획), 02-3780-8084(마케팅), 02-3780-8152(팩스)

이 메 일 | seribook@samsung.com

ⓒ 권태균 · 지규택 2014
ISBN | 978-89-7633-458-9 03340

삼성경제연구소 도서정보는 이렇게도 보실 수 있습니다.
홈페이지(http://www.seri.org) → SERI 북 → SERI가 만든 책

사막 위에 세운 미래,
아랍에미리트 이야기

• 권태균·지규택 지음 •

삼성경제연구소

중동에 미래가 있다

서울에서 아랍에미리트(UAE)의 수도 아부다비(Abu Dhabi)까지 의 거리는 7,000킬로미터 정도 된다. 서울에서 아부다비와 두바이 (Dubai)로 매일 비행기가 오가는데, 서울에서 아부다비나 두바이로 가 는 데는 10시간 조금 넘게 걸리고, 아부다비나 두바이에서 서울로 올 때는 편서풍의 영향으로 9시간 정도 소요된다. 많은 사람들이 아랍에 미리트를 먼 나라라고 생각하지만 사실 거리로 따지면 유럽이나 미국 보다 훨씬 가까운 나라다.

우리나라는 아랍에미리트로부터 연간 1억 배럴가량의 원유를 들여 오고 있다. 또한 많은 우리나라의 기업들이 아랍에미리트에 진출하여 무역 활동과 각종 플랜트 건설, 다양한 형태의 투자 활동을 벌이고 있 다. 특히 지난 2009년 말에는 200억 달러에 달하는 원자력발전소 건 설 프로젝트를 수주하였고, 이를 계기로 양국 간의 관계가 급격히 가 까워졌다. 현재 1만 명 정도의 교민이 살고 있는 아랍에미리트는 중동 국가 중에서 우리 교민이 가장 많이 사는 나라이기도 하다.

이처럼 아랍에미리트와 중동 지역은 지리적으로 우리나라와 멀지 않고 경제적으로 밀접한 관계임에도 불구하고 아직 우리에게 낯익지 않고, 문화나 정치·경제적인 사정에 대해 잘 알려져 있지 않다고 생각된다. 3년 전 아랍에미리트로 가게 되었을 때, 무척 덥다는데 생활이 가능하겠느냐, 물은 충분히 있겠느냐, 안전하겠느냐, 종교적으로 문화적으로 많이 다를 텐데 괜찮겠느냐 등의 걱정 어린 질문을 주변에서 많이 받았다. 그러나 3년간 아부다비에서 생활해보니 이전에 가지고 있던 막연한 생각과 전혀 달랐다. 막연한 상상 속의 아랍, 테러와 혼란이라는 중동의 이미지는 사라지고, 지금은 우리가 글로벌 한국으로 나아가기 위해 반드시 관심을 기울여야 할 기회의 땅이라는 확신이 머릿속을 가득 채우고 있다.

아랍에미리트에 살면서 쉽게 볼 수 있으면서도 가장 인상적이었던 것은 수많은 건설현장과 외국인 근로자들이었다. 건설현장이 많다는 것은 이 나라가 역동적으로 발전하고 있다는 생생한 증거이다. 아랍에미리트를 몇 년 만에 방문하는 사람들은 짧은 기간에 크게 변화한 모습에 놀라며 감탄하곤 한다.

아랍에미리트에서 바라본 중동은 빠르게 성장하는, 잠재력이 무궁무진한 지역이자, 장래 우리에게 무한한 기회를 제공할 미래 시장이다. 지정학적으로 중동, 특히 아랍에미리트는 아시아와 유럽, 아프리카와 지중해 연안을 연결하는 허브(hub)로서 교통과 물류, 자본이 몰려드는 요충지이다. 또한 아랍에미리트와 중동은 우리의 신흥시장 진출에 대한 방향과 전략을 함축하고 있는 벤치마크 지역이기도 하다. 걸프 지역 산유국들의 모임인 걸프협력회의(GCC) 국가들은 석유 고갈 이후, 즉 포스트 오일 시대를 대비해 산업 다변화 전략을 추진하고 있다. 바로 이러한 점에서 별다른 자원도 없이 산업화에 성공한 한국이 협력을 강화할 수 있는 기회가 상대적으로 많이 열려 있는 곳이기도 하다.

문제는 우리가 아직도 중동이라는 낯선 환경에 익숙하지 않고, 중동에 대한 연구, 특히 시장에 대한 연구가 미흡하며, 미지의 세계로 나아갈 마음의 준비가 부족하다는 점이다. 시장개척단, 투자사절단 등 우리나라 기업과 아랍에미리트 기업 간에 접점을 만들어주는 행사가 수시로 열리고 있지만, 대부분 일회성 행사로 끝날 뿐 아니라 여전히 양측 간에 인식의 차이가 크다. 그러나 이는 오랫동안 서로가 지리적으로 격리되어 있었고, 문화적·종교적으로 교류가 활발하게 이루어지지 않은 관계로 서로에 대한 이해가 부족했기 때문일 것이다. 거꾸로 생각하면 앞으로 서로 개척하고 상호 협력할 분야가 아주 많다는 의미일 것이다. 우리가 좀 더 관심을 가지고 중동시장을 연구하고 경험하고 시도한다면 그야말로 시장 개척 가능성은 매우 크다고 본다. 또한 중동 지역의 경제적 잠재력을 감안한다면 노력할 만한 가치는 충분하다고 본다.

이 책은 중동 지역의 많은 나라 가운데 고속 성장과 혁신으로 전 세계의 관심을 받고 있는 아랍에미리트에서 생활하면서 경험하고 느낀 점을 나누기 위해 쓴 아랍에미리트에 대한 소개서로, 중동 진출을 구상하는 우리의 기업들에게 조금이나마 도움이 되기를 바라는 간절한 마음을 담고 있다.

아랍에미리트는 1971년 7개의 토후국이 연합하여 형성한 연방국가다. 군사·외교적으로는 완전히 하나가 되었지만 경제, 보건, 치안 등 중요한 부분은 아직도 각 토후국이 자율적으로 운영하고 있다. 말하자면, 약간 느슨한 형태의 연방제 국가인 셈이다. 동쪽의 이라크에서 서쪽의 모로코까지 광활하게 펼쳐진 아랍에서 아랍에미리트는 국토의 크기로 보면 작은 편에 속하는 나라다. 그러나 중동 지역에서 가장 개방적이며 경제 활동이 활기찬 '작지만 강한' 나라이며, 안정된 통치 기반 위에서 양질의 인프라와 자유로운 시장경제 질서를 바탕으로 적극적인 경제개발을 추진하는 역동적인 국가다. 또한 아랍에미리트는 경제발전을 추진하면서도 이슬람의 전통적 가치를 유지하려는 노력이 병존하는 나라이다. 그로 인해 우리가 중동시장에 진출하기 위해서는 반드시 거쳐야 하는 나라이자, 중동시장을 이해하는 데 가장 편한 나라라고 할 수 있다. 중동에 진출한 많은 글로벌 기업들이 아랍에미리트에 지역본부를 두는 것은 그만큼 비즈니스의 거점으로 적합하다는 증거이기도 하다. 우리나라도 코트라(KOTRA)를 위시하여 많은 기업들이 중동의 지역본부나 지사를 아랍에미리트에 두고 있다.

이 책은 크게 6부로 구성되어 있다. 1부에서는 중동 지역에 대해 대략적으로 소개하고, 중동 지역을 둘러싸고 쉽게 가질 수 있는 몇 가지 오해를 풀고자 하였다. 2부에서 4부까지는 아랍에미리트와 아랍에미리트의 가장 큰 토후국인 아부다비와 두바이에 대해 소개하였다. 5부와 6부에서는 최근 급격히 긴밀해진 우리나라와 아랍에미리트 양국 간의 관계를 바탕으로, 우리나라 기업들이 중동 지역에 진출하고자 할 때 기울여야 할 노력과 현지에서 비즈니스 활동을 하는 데 유의해야 할 사항 등에 대해 기술하였다.

오랜 역사와 다양한 문화를 가진 한 나라에 대해 완벽하게 이해하기는 어렵다. 그래서 다양한 측면에서 보고, 전체를 다시 종합해서 보려는 노력이 반복적으로 필요하다. 이 책은 이러한 관점에서 각론과 총론을 오가며 아랍에미리트라는, 중동의 작지만 경제적으로 진취적이고 개방적인 나라, 원전 수주를 통해 우리에게 매우 중요해진 나라를 이해하는 데 조금이나마 도움이 되고자 하였다. 사실, 정도의 차이는 있지만 경제발전에 대한 의지는 아랍에미리트뿐만 아니라 모든 아랍 국가에서 공통적으로 찾을 수 있다. 이 책이 아랍의 경제적 모범국인 아랍에미리트에 대한 이해와 함께, 경제발전에 매진하고 있는 아랍 지역의 다른 나라들에 대해서도 간접적으로 이해의 폭을 넓힐 수 있는 계기가 되기를 기대한다.

중동에서 지내는 동안 가장 인상 깊게 남아 있는 장면은 수많은 건설현장을 오가는 제3국의 근로자들을 태운 버스였다. 여름철 40~50도를 오르내리는 더위에도 선풍기 하나에 의지한 채 버스에 타고 있는 검게 그을린 근로자들의 얼굴을 보면서 눈시울이 뜨거워지기도 하였다. 1970년대 우리의 선배들이 이곳 뜨거운 사막에 와서 모래바람을 맞으며 열심히 일하던 모습과 겹쳐졌기 때문이다. 당시 그들의 희생과 노고는 우리의 급속한 경제발전을 이끈 버팀목 중 하나였다. 지금도 많은 건설업체들이 중동 지역에서 건설공사를 수주해 우리 경제에 큰 힘이 되어주고 있다. 현재 중동에서 일하는 우리나라 건설인력은 대부분 관리자들이라서 사막 현장에서도 에어컨과 인터넷이 갖춰진 비교적 양호한 환경에서 근무하고 있다. 모래바람이 부는 건설현장의 캠프 숙소를 방문해보면 옛 모습과 현재 모습이 비교되어 우리의 발전을 새삼 실감할 수 있다. 앞으로는 석유나 가스 플랜트 건설에서 한 걸음 나아가, 부가가치가 높은 교육이나 의료, IT, 항공, 금융 등 다양한 분야에서 우리의 기업들과 인력이 중동 지역에 더 많이 진출하기를 바란다.

이 책이 나오기까지 많은 분의 기여와 도움이 있었다. 집필을 격려해준 삼성경제연구소 정기영 소장님과 이경태 전 대외경제정책연구원장님, 문외한인 필자에게 중동에 관한 많은 지식과 경험을 나누어준 아랍에미리트 현지의 우리 기업인과 교민 여러분들, 그리고 중동지역의 각 공관장님들과 직원분들께 깊은 감사를 드린다. 또한 부족한 원고를 꼼꼼히 편집해준 삼성경제연구소 출판팀에도 고마움을 전한다.

오늘날 세계 정치의 많은 이슈가 중동과 관련되어 있다. 경제적으로도 중동에 대한 이해가 충분하지 않으면 세계 경제의 흐름에 대한 판단을 그르칠 수 있다. 아무쪼록 이 책이 중동 진출을 꿈꾸는 우리 기업인들, 더 넓은 세상을 알고자 하는 젊은이들, 그리고 중동에 대한 이해를 넓히고 싶은 모든 이에게 작으나마 도움이 되기를 소망한다.

2014년 2월

차례

UNITED
ARAB
EMIRATES

1부

우리는 중동에 대해
얼마나 알고 있을까?

중동 지역을 이해하지 않고는 세계 정치나 경제를 제대로 알고 있다고 말하기 어렵다. 그만큼 중동 지역의 중요성이 날로 높아지고 있다. 현재 유엔 안전보장이사회에서 논의되고 있는 글로벌 이슈 중 70~80%는 중동 관련 사안이라고 한다. 우리나라는 2013년부터 2014년까지 2년간 유엔 안전보장이사회 비상임이사국으로 활동하고 있다. 글로벌 이슈에 대한 전반적인 이해는 물론 중동 지역의 정세에 대한 통찰과 정확한 판단이 필요한 이유이다. 경제적인 측면에서도 중동 지역은 중요하다. 최근 셰일 오일과 가스(shale oil & gas) 개발이 북미 지역을 중심으로 활발히 진행되면서 중동 지역의 중요성이 상대적으로 다소 감소할 것이라는 견해도 있지만, 여전히 중동은 세계 석유와 가스 공급량의 상당 부분을 담당하고 있다. 그 때문에 이 지역의 정세 변화는 글로벌 경제 활동에 큰 영향을 미치는 국제 유가의 흐름과 직결된다. 이란이 미국의 금수 조치에 맞서 호르무즈(Hormuz) 해협 봉쇄를 검토한다는 뉴스에 곧바로 유가가 급등하고, 유사시 안정적인 원유 공급선의 확보 여부가 우리나라나 일본과 같은 비산유국의 최대 대외 이슈가 되는 것이 그 예이다.

1 /

중동은 아랍과 다르다

중동(中東, Middle East) 지역은 대체로 아랍어를 사용하는 아랍권이고, 이슬람을 믿는다. 중동 지역 내부분의 국가가 이러한 범주에 포함된다. 그런데 이란, 터키, 이스라엘과 같은 몇몇 국가들은 중동 지역 국가로 구분되지만, 아랍어를 사용하는 국가들로 구성된 아랍연맹(League of Arab States)*에는 포함되지 않는다. 따라서 여행을 하거나 비즈니스를 하는 경우, 이 지역을 지칭하는 여러 가지 표현에 대해 분명하게 알아둘 필요가 있다. 대부분의 경우에는 큰 문제가 없지만, 때로는 오해를 불러일으킬 수도 있기 때문이다.

먼저 '아랍'은 민족적, 언어적 개념이다. 한마디로 아랍어를 사용하

---

* 1945년에 아랍 국가의 평화와 안전, 정치적 협력을 목적으로 창설되었으며, 본부는 이집트 카이로에 있다. 알제리, 바레인, 코모로, 지부티, 이집트, 이라크, 요르단, 쿠웨이트, 레바논, 리비아, 모리타니, 모로코, 오만, 팔레스타인, 카타르, 사우디아라비아, 소말리아, 수단, 시리아, 튀니지, 예멘, 아랍에미리트의 22개국이다.

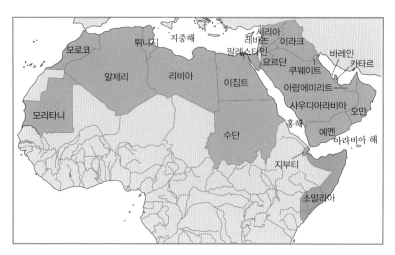

아랍연맹 국가 지도(아프리카 대륙과 마다가스카르 섬 사이에 위치한 코모로도 아랍연맹에 소속된 나라이지만 이 지도에는 나타나 있지 않다).

는 국가, 즉 현재의 22개 아랍연맹 회원국들을 의미한다. 이라크에서부터 아프리카의 수단, 모리타니까지가 아랍이다. 약간의 방언이 있지만 기본적으로 코란아랍어를 표준어로 삼고 있어서 대체로 서로 말이 통한다. 아랍 민족이라는 단일 의식이 있으며, 아랍연맹을 구성하여 상호 정치적 결속을 다지고 경제 원조 등을 통해 형제 국가로서 우의를 돈독히 하고 있다.

이에 비해 '중동'은 지역적 개념이다. 유럽 사람들이 유럽을 중심으로 극동(極東, Far East), 중동(中東, Middle East), 근동(近東, Near East)으로 지역을 구분한 것이 우리에게도 고착화되었다. 중동 지역은 극동과 근동의 중간에 있는 아시아 지역을 가리키는 말로 사용되어왔다. 그 범위가 어디까지인지 명확하게 정의되어 있지는 않지만, 좁게는 이란에서부터 이집트까지, 넓게는 파키스탄 서쪽에서부터 북아프리카 북단을 따라 서쪽 끝 대서양에 이르는 지역을 모두 의미하기도 한다. 여기에는 아랍어를 사용하지 않는 터키(터키어), 이스라엘(히브리어와 아랍어), 이란(이란어)도 포함되어 있다는 점에서 아랍 또는 아랍 지역과 구분된다. 그 때문에 이란 사람을 만나 "나는 너희 아랍 사람들을 좋아한다."라고 말하면 이해하지 못할 수도 있고 짜증스러운 반응을 보일 수도 있다.

더구나 역사적으로 이란과 아랍은 서로 대립한 경우가 많아 표현할 때 각별한 주의가 필요하다. 이란은 과거 아케메네스 왕조 페르시아*와 사산 왕조 페르시아**라는 2개의 대제국을 통해 그리스, 로마와 맞먹는 오랜 영광을 구가하였으나 서기 651년에 아라비아 반도에서 큰 세력으로 부상한 아랍인들과의 전쟁에서 패배하였다. 이후 이란은 과거 대제국의 영광을 되찾지 못하고 지역 내 한 국가로서의 위치를 유지해오고 있다. 이러한 역사적 사실은 아직도 이란인들의 마음속에 쓴 뿌리로 남아 있는 듯하다. 이는 마치 서기 600년대 중반에 고구려를 무너뜨림으로써 한때 만주를 호령하던 우리의 영역을 한반도로 좁힌 당나라에 대해 우리 민족이 가지고 있는 감정과 흡사할지도 모른다. 이를 모른 채 이란 사람에게 아랍 사람이라고 말하면 좋은 반응을 기대하기 어려울 것이다.

'중동'이라는 말이 지역적 표현으로 널리 사용되는 데 비해 이와 비슷하지만 좀 더 구체화된 표현으로 'MENA(Middle East and North

---

* 기원전 550~330년경 현재의 이란 지역을 중심으로 건설된 대제국으로, 그리스와 수차례 전쟁을 치르는 등 대립관계를 유지하다가 알렉산더 대왕의 침공으로 기원전 330년경에 멸망했다.
** 서기 226~651년에 유지된 대제국으로, 로마 제국과 대립하였으며 이슬람 제국에 의해 멸망했다.

Africa, 중동·북아프리카)'라는 말도 자주 쓰인다. 이란에서부터 이집트까지 협의의 중동 지역에다 리비아, 알제리, 모로코, 튀니지 등 이집트의 서쪽(이른바 마그레브 지역)을 합한 지역으로, 가장 광의의 중동 지역과 그 범위가 유사하다. 특히 중동에서 비즈니스를 할 때 종종 사용되는데, 가령 기업에서 중동·북아프리카 지역을 담당하는 현지 사무소를 설치하는 경우 'MENA 지역본부'라고 부르며, 여기에 파키스탄까지 담당하면 'MENAP 지역본부', 터키를 포함하면 'MENAT 지역본부'라고 말한다.

중동 지역을 구분할 때 사용되는 표현으로 '마슈렉(Mashreq)'과 '마그레브(Maghreb)'도 있다. 마슈렉은 이집트를 중심으로 해가 뜨는 동쪽 지역을 의미하는데, 여기에 포함되는 국가들의 범위는 사용자마다 제각각이다. IMF의 보고서는 이집트, 요르단, 레바논, 시리아를 지칭하는 말로 사용한다.* 그러나 어떤 경우에는 마슈렉을 이집트의 동쪽에 있는 이라크와 아라비아 반도 전체의 나라들을 포함하는 말로 사용하기도 한다. 한편, 마그레브는 이집트를 중심으로 해가 지는 서쪽 지역을 의미하는데, IMF 보고서에서는 알제리, 리비아, 모리타니, 모로코, 튀니지를 지칭한다.

이슬람은 순수한 종교적 개념이다. 중동 지역에 있지 않더라도, 아랍 말을 사용하지 않더라도 이슬람을 믿는 지역과 국가는 이슬람권이다. 일반적으로 이슬람권이란 이슬람을 믿는 무슬림이 다수 거주하는 지역을 뜻한다. 여기에는 중앙아시아와 인도, 인도네시아, 말레이시아, 필리핀(민다나오 섬), 중국의 신장웨이우얼 자치구까지 이슬

---

* IMF (November 2013), Regional Economic Outlook: Middle East and Central Asia, p. ix.

람교도가 많은 지역은 모두 포함될 수 있다. 따라서 이슬람권은 중동 지역 국가의 수보다 훨씬 많다. 이슬람을 믿는 국가들 간 상호 협력을 목적으로 설립된 이슬람협력기구(OIC: Organization of the Islamic Cooperation)는 4개 대륙에 57개국으로 구성되어 있으며, 전 세계에서 유엔 다음으로 큰 정부 간 조직이다.* 전 세계적으로 이슬람을 믿는 무슬림의 인구는 16억 명에 이른다는 통계도 있다.

또 하나 알고 있으면 유용한 개념이 '걸프협력회의(GCC: Gulf Cooperation Council)' 국가들이다. GCC는 아라비아 반도에 위치하면서 아라비아 만에 연해 있는 사우디아라비아, 쿠웨이트, 바레인, 카타르, 아랍에미리트, 오만, 이렇게 6개 산유국을 가리키는데, 같은 아라비아 반도에 있지만 예멘은 포함되지 않는다.

GCC는 1981년에 출범한 정치·경제 분야 협력 동맹체로, 1970년대 말에서 1980년대 초에 걸친 아라비아 반도 주변의 어수선한 분위기 속에서 6개 산유국이 공동으로 대응책을 마련하기 위해 출발하였다. 그 당시 주변 정세를 살펴보면 1979년 아라비아 반도와 이웃한 이란에서 이슬람 혁명이 일어나 팔레비 왕정이 무너졌고, 구(舊)소련이 아프가니스탄을 침공했으며, 1980년에는 이란-이라크 간 전쟁이 일어났다. 이러한 상황에서 아라비아 반도에 있는 6개 산유국이 한 목소리를 내기 위해 GCC를 설립한 것이다. 설립 초기에는 안보 측면의 공동 대응과 협력이 주요 사안이었으나, 이후 경제통합협정 체결, 관세동맹 및 통화동맹 출범 합의 등 경제적 측면에서의 협력이 강조되어

---

* OIC 홈페이지(http://www.oic-oci.org). OIC는 1969년에 설립되었으며, 사무국은 사우디아라비아의 제다에 있다.

유럽의 EU와 같은 경제공동체로 발전시켜 나가려는 노력에 박차를 가하고 있다.

GCC 국가들은 모두 왕정 시스템을 유지하고 있으며,* 아랍 국가들 중에서 가장 부유해 여타 아랍국에 대한 원조를 상당히 많이 하고 있다. 또한 공동으로 아라비아 반도 방위군(Peninsula Shield)을 운영해, 지난 2011년 '아랍의 봄' 당시 바레인에서 일어난 소요 사태를 진압하기 위해 파병을 하기도 했다. 최근에는 예언자 모하메드의 직계 왕가로 인정하고 있는 요르단과 모로코를 GCC에 편입시키자는 결의를 해 지역적 정체성 면에서 논란이 되고 있기도 하다.

2012년 기준으로 GCC 6개국의 GDP는 약 1조 6,000억 달러**에 달하며, 인구 규모는 약 4,800만 명으로 우리나라와 비슷하다. 우리나라와 GCC는 지난 2008년부터 자유무역협정(FTA) 체결을 논의해왔으나, 현재 GCC의 다른 모든 FTA 협상국들과 마찬가지로 체결 협상이 지연되고 있는 상황이다.

---

* 아랍에미리트연합은 대통령 중심제를 채택하고 있으나, 연방을 구성하고 있는 7개 에미리트는 각각 별도의 통치자를 보유한 왕정 체제를 유지하고 있다.

** IMF (November 2013), Regional Economic Outlook: Middle East and Central Asia, p. 3.
GCC 6개국의 인구 및 1인당 GDP 규모(2012년 기준)

	사우디아라비아	아랍에미리트	쿠웨이트	오만	카타르	바레인	계
인구(백만 명)	29.0	8.8	3.8	3.1	1.8	1.2	47.7
1인당 GDP(달러)	24,524	43,774	48,761	25,356	104,756	23,555	–

아랍통화기금
(Arab Monetary Fund)

전 세계 거의 대부분의 국가가 가입한 국제 금융기구로 국제통화기금(IMF)이 있다. IMF는 세계 경제의 흐름이나 각 국가의 경제 상황을 분석하면서 세계 금융 및 통화정책 등에 대해 회원국들과 상호 협의하고, 회원국이 유동성 위기에 처할 때 긴급 자금을 빌려주는 역할을 수행한다.

아랍지역에도 IMF와 비슷한 역할을 수행하는 국제금융기구가 있는데, 아랍연맹 국가들이 1976년에 설립한 아랍통화기금(AMF)이 그것이다. 아랍통화기금의 주요 역할은 ① 회원국 간의 통화정책 협력 및 지불장벽 해소를 위한 노력, ② 아랍 금융시장의 발전, ③ 회원국의 국제수지 불균형 시정을 위한 유동성 지원, ④ 회원국 간 교역촉진과 무역금융 지원, ⑤ 회원국의 거시경제에 관한 연구 조사와 통화정책 등 자문, 금융기관들에 대한 기술지원 등으로, IMF의 기능과 유사하다.

아랍통화기금의 회원국별 자본금 구성 비율

국가	비율(%)	국가	비율(%)	국가	비율(%)
사우디아라비아	14.83	알제리	12.98	이라크	12.98
이집트	9.8	쿠웨이트	9.8	아랍에미리트	5.88
예멘	4.72	모로코	4.59	리비아	4.11
카타르	3.07	수단	3.07	시리아	2.21
튀니지	2.14	요르단	1.65	바레인	1.53
레바논	1.53	오만	1.53	모리타니	1.53
소말리아	1.23	팔레스타인	0.66	코모로	0.08
지부티	0.08	총 자본금: 6억 아랍 디나르(Arab Dinar)				

자료: Arab Monetary Fund 설립 협정(영어 번역본, 2010. 5)을 바탕으로 계산.

아랍통화기금은 아랍연맹과 동일한 22개 회원국으로 구성되어 있으며, 사무국은 아랍에미리트의 수도인 아부다비에 있다. 아랍통화기금의 최고 의사결정은 모든 회원국이 참석하는 총회(Board of Governors)에서 이루어지며, 2013년 12월 현재 사무총장은 자심 알 만나이 박사(Dr. Jassim Al Mannai)가 맡고 있다.

2 /
미묘한 견제와 균형의 삼각관계

　중동의 세력 판도는 예나 지금이나 크게 3개의 세력으로 구분해서 이해하면 편리하다. 이란(페르시아)과 아랍, 터키가 그것이다. 2,500년간의 중동 역사를 되돌아보면 이 3대 세력이 교대로 지배해왔다. 오늘날에도 중동 정세를 이해하기 위해서는 이 3대 세력 간의 미묘한 견제와 균형 관계를 살펴볼 필요가 있다.

　역사적으로 중동 지역에서 가장 먼저 큰 세력으로 떠오른 것은 현재 이란의 선조인 페르시아다. 기원전 550년경 바빌론을 격파하고 새로운 통일 제국을 수립한 것이 아케메네스 왕조 페르시아다. 바빌론 유수(幽囚)*로 끌려간 유대인을 석방하여 유명해진 키루스 대왕, 법전으로 유명한 다리우스 대왕, 그리스 침공과 살라미스 해전으로 유명한 크세르크세스 왕 등 기라성 같은 왕들이 아케메네스 왕조 페르시아

---
* '잡아 가둠'이라는 뜻이다.

를 통치하였다. 당시 수도로 사용했던 페르세폴리스의 궁전 벽면에는 각지로부터 조공을 받은 흔적이 부조로 새겨져 오늘날까지 전해진다. 아쉽게도 페르세폴리스는 기원전 330년경 마케도니아 알렉산더 대왕의 침공으로 다 불타버리고 왕조도 멸망하고 말았다. 하지만 한때 넓은 지역을 지배했던 그 위세와 세계 제국으로서의 풍모는 유적을 통해 고스란히 느낄 수 있다. 아케메네스 왕조 페르시아의 멸망으로 잠시 주춤했지만 페르시아의 영광은 로마와 쟁패를 다투었던 파르티아 제국*과 사산 왕조 페르시아를 통해 명맥을 이어갔다. 특히 사산 왕조 페르시아는 서기 651년까지 400여 년간 강대 세력으로 중동 지역을 지배하였다.

페르시아 다음으로는 아랍 쪽에서 세력을 확장하였다.** 아라비아 반도 남서쪽에 있는 도시 메카(Mecca)에서 예언자인 모하메드가 등장한 후 급격히 세력을 팽창한 아랍 사람들은 현재 이란의 선조인 사산 왕조 페르시아를 멸망시킨 후 기수를 서쪽으로 돌려 엄청난 속도로 영토를 확장해나갔다. 처음에는 오늘날 시리아의 수도인 다마스쿠스를 수도로 정해(우마이야 왕조) 번성하였으며, 이어 이집트를 점령하고 계속 북아프리카의 지중해 변을 따라 서진해 100년도 경과하기 전에 지브롤터 해협을 건너 오늘날의 스페인 땅인 이베리아 반도를 점령하였다. 아랍 세력의 지배는 우마이야 왕조를 무너뜨리고 세워진 아바스

---

* 중국에서는 안식국(安息國)으로 불렸으며, 사산 왕조 페르시아에 의해 멸망했다.
** 고대 중동 지역의 주요 세력은 다음과 같다.
  - 기원전 550~330년경: 아케메네스 왕조 페르시아
  - 기원전 3세기경~서기 226년: 파르티아 제국
  - 서기 226~651년: 사산 왕조 페르시아
  - 서기 661~750년: 우마이야 왕조
  - 서기 750~1258년: 아바스 왕조(몽골의 침략으로 멸망)

왕조로 이어져 오랜 기간 전성기를 구가하였다.

그러나 이러한 아랍 세력은 11세기 들어 북쪽으로부터 당시로선 야만 세력이었던 튀르크족이 남하하면서 서서히 약화되었다. 마치 로마가 용병으로 사용하던 게르만족의 침략으로 세력을 잃었듯이, 아랍의 중동 지배는 주로 용병으로 사용하던 튀르크계의 잦은 침략으로 무너져 내렸다. 처음에는 셀주크 터키로 시작되었으나, 15세기 아나톨리아 반도에서 세력을 확장하던 오스만 터키가 1453년 콘스탄티노플(이스탄불)을 점령한 이후에는 세 번째 세력인 터키에 중동 지배세력의 지위가 완전히 이양되었다. 이 지역의 새로운 강자로 떠오른 오스만 터키는 유럽을 위협하면서 지중해 동쪽에 대한 지배권을 완전히 장악하였다. 이후 400년 이상 지속된 오스만 터키 제국은 제1차 세계대전에서 패전하여 아나톨리아 반도로 세력 판도가 축소될 때까지 지속되었다.

흥미로운 것은 이러한 세력 판도가 지금의 중동 정세에 그대로 반영되어 있다는 것이다. 오늘날 중동 지역의 양대 산맥은 수니(Sunni)파의 수장격인 사우디아라비아와 시아(Shia)파의 본산인 이란이다. 여기에 세속주의를 표방하지만, 역시 수니파인 터키가 가세하여 이 지역의 3대 세력을 이루고 있다. 인구 8,000여만 명의 이란은 인접한 걸프 지역 아랍 국가들에는 다소 껄끄러운 강대국이다. 특히, 이란이 1979년 혁명 이후 시아파의 본산임을 자처하고, 시아파 인구가 많은 바레인을 자국의 영향권 아래에 두기 위해 바레인 내 반정부 세력을 배후에서 지원한다는 인식 때문에 이란과 아라비아 반도의 GCC 국가들 사이에는 항상 보이지 않는 긴장관계가 형성되어 있다. 또한 이란과 아랍에미리트 간에는 이란이 강제 점령했다는 3개의 섬*에 대한 논란이 불씨처럼 잠복되어 있다.

한편, 이란은 핵무기 개발에 대한 의심을 받아 서방 선진국의 강력한 제재 대상이 되고 있다. 이란의 핵무기 개발 문제는 GCC 국가들에도 큰 위협이 되는 것이기 때문에 초미의 관심사이다. 과거 몇 차례 이슈화된 적이 있는 이 지역 원유의 주요 수송로인 호르무즈 해협에 대한 봉쇄 위협은 에너지 자원에 대한 재정 의존도가 높은 GCC 국가들에 경제적 치명타가 될 수 있기 때문에 아랍에미리트와 사우디아라비아가 육상을 통한 송유관 건설을 적극 추진하는 계기가 되기도 하였다.

이와 달리, 역사적으로 강국인 이란과 지난 400년 이상 강자로 군림한 터키는 서로 국경을 맞대고 있으나, 강자가 강자를 알아본다고 서로 상대방을 자극하지 않은 채 비교적 무난한 관계를 유지하고 있다. 또한 터키는 아랍 국가들과도 정치 · 경제적인 이유로 좋은 관계를 유지하고 있다. 2000년대 들어 집권한 에르도안(Erdogan) 터키 총리는 강력한 이슬람 지향 정책을 추진하면서 중동 편향으로 선회해, 최근 터키 기업들의 중동 지역 진출이 활발하게 이루어지는 등 터키가 중동 지역에서 영향력 있는 국가로 다시 부상하는 조짐이 보이고 있다. 최근 터키의 경제가 유례없는 성장세를 지속하고 있는데, 그 이유의 하나도 터키의 친중동정책 이후 중동 자본의 투자가 많이 증가했기 때문이라고 한다.

---

* 아부무사(Abu Musa), 대툰브(Greater Tunb), 소툰브(Lesser Tunb)를 말하며, 상세한 내용은 이 책 2부의 '11. 호르무즈의 3개 섬과 우리의 독도'를 참조.

3 / 이슬람의 양대 세력: 수니와 시아

중동 지역을 이해하는 데 반드시 필요한 잣대가 이슬람의 양대 세력인 수니파와 시아파의 관계다. 두 계파는 선지자 모하메드가 사망한 이후 후계 구도를 둘러싸고 벌어진 다툼과 그 후 계속된 갈등의 역사와 깊이 연관되어 있다. 한마디로 이슬람의 주도 세력인 수니파는 모하메드를 따르던 추종 세력 중 누구나 지도자인 칼리프가 될 수 있다는 것이고, 시아파는 모하메드의 혈족만이 칼리프가 될 수 있다고 주장하여 유일한 혈육인 딸 파티마의 남편 알리(Ali)만이 정당한 칼리프라고 인정하는 것이다.

이슬람 시대 제4대 칼리프이자, 시아파가 첫 번째 이맘(imam)*으로 숭배하는 알리가 암살당하고 그의 아들인 후세인(세 번째 이맘)마저 순

---

* 이슬람에서 넓은 의미로 지도자를 뜻하는 말로, 시아파에서는 수니파와 달리 최고지도자를 일컫는 특별한 의미로 쓰인다.

교하자, 알리를 따르던 무리들이 자연스럽게 시아라는 한 종파를 형성하게 되었다. 이후 시아파는 여러 분파로 나뉘었는데, 가장 큰 12이맘파와 이스마일파 등 70여 개 분파가 있다고 한다. 열두 번째 이맘이 종적을 감춘 뒤, 제12대 이맘이 사망한 것이 아니라 사라졌을 뿐이며 세상이 종말에 다다르면 마흐디(메시아)로 다시 나타나 그들을 구제할 것이라고 믿는 '12이맘파'가 오늘날 이란을 중심으로 하는 현대 시아파의 주류가 되었다.

역사적으로 시아파는 수니파에 비해 소수파로 이어져 내려와 다소 저항적인 성향이 강하다. 오늘날 시아는 이란을 중심으로 이라크와 레바논의 헤즈볼라(Hezbollah),* 시리아의 아사드 정권으로 이어지는 이른바 시아파 벨트 지역에 주로 퍼져 있다. 한편 수니는 수장격인 사우디아라비아와 이집트, 터키를 포함하여 아라비아와 북아프리카 지역에서 주된 종파를 형성하고 있으며, 오늘날 전 이슬람의 90% 정도가 수니라고 알려져 있다.

이라크는 종파와 정파 구성이 다소 특이하다. 소수 수니파인 사담 후세인 정권이 국민의 65%를 점유하는 다수인 시아파를 오랜 기간 지배하다가 미국의 침공으로 무너지면서 시아파가 주도하는 정부로 복귀하였다. 새 정부 수립 당시 종파 간 화합을 위해 쿠르드와 시아, 수니까지 포괄하는 연립정부 형태를 취하기로 결정하고 권력을 배분하였으나 양 진영 간에는 지금까지도 마찰이 계속되고 있다. 이라크 내에서 북쪽은 아예 인종이 다른 쿠르드족이 자치 정부를 형성하여 운영하고 있으며, 남부 바스라 유전 지역은 시아파가 대부분을 차지해

---

* 레바논의 이슬람 시아파 세력으로, 미국과 이스라엘 등을 대상으로 무장투쟁을 전개하였다.

상대적으로 마찰이 적다. 그러나 수니와 시아가 경계를 이루는 바그다드 인근 지역에서는 안타깝게도 서로에 대한 공격이 끊이지 않고 있다. 특히 바그다드 바로 남쪽에 있는 시아파의 최대 성지인 나자프와 카르발라에서는* 시아파와 수니파 순례자들 간에 마찰이 자주 발생하고 있다.

한편, 과거 치열한 전쟁으로 수많은 희생자를 냈던 이란과 이라크의 관계는 최근 많이 개선되고 있다. 이는 이라크 정권이 시아파 중심으로 재편된 데 따른 것으로 보인다. 과거 8년간의 이란-이라크 전쟁이라는 뼈아픈 역사를 가지고 있고 언어와 민족도 서로 다르지만, 적어도 종교적인 면에서 공통점을 찾으면서 양국 관계가 많이 개선된 것이다.

이스라엘이 레바논의 한 정파인 헤즈볼라를 끊임없이 경계하는 것도 알고 보면 이들이 시아파로서 잠재 적국이자 시아파의 종주국인 이란의 지원을 받고 있다고 믿기 때문이다. 최근 국제 사회의 최대 이슈가 되고 있는 시리아 내전도 사실상 소수파인 시아계의 알라위파인 아사드 정권이 다수파인 수니계를 통치하는 데 따른 불만에서 비롯된 바가 크다고 보는 시각도 있다. 이와 같이 중동 지역 분쟁의 이면에는 종파적인 이슈가 배경이 되는 경우가 많으므로 중동 지역의 정세 판도와 변화를 세밀하게 읽으려면 이러한 것들을 잘 이해하고 있어야 한다.

---

* 바그다드 남쪽 약 150킬로미터에 위치한 나자프는 제4대 칼리프이자 시아파에 의해 초대 이맘으로 숭배되고 있는 알리의 성묘가 있는 곳이며, 바그다드 남남서쪽 약 80킬로미터에 위치한 카르발라는 알리의 차남이자 시아파 제3대 이맘으로 숭배되는 후세인이 서기 680년 유명한 카르발라 전투 중 사망해 그 시신이 묻혀 있는 곳으로, 두 곳 모두 시아파의 대표적인 순례지이다.

4 / 무슬림의 의무와 라마단

이슬람을 믿는 무슬림들은 5가지 의무가 있다. 이슬람의 5대 기둥이라고도 하는데, 소개하면 다음과 같다.

무슬림의 첫 번째 의무는 유일신인 알라(Allah)만을 따라야 한다는 것이다. 신은 오직 알라만이 존재하며, 유일신인 알라 이외의 다른 대상에 대한 숭배는 허용되지 않는다. 하느님의 사도인 모하메드는 서기 570년 무렵 오늘날 사우디아라비아의 메카(Mecca)에서 태어났는데, 당시는 여러 신이 허용되는 다신 사회로 종교 관광이 메카의 주요한 경제 활동 중 하나였다. 그 때문에 모하메드가 유일신을 설교하자 경제적 피해를 우려한 사람들이 모하메드와 그를 따르는 무리를 박해하였고, 이를 피해 모하메드가 메디나(Medina)로 이주하는 사건, 즉 헤지라(Hijra)가 일어난다. 이 헤지라가 일어난 서기 622년을 나중에 이슬람력의 원년으로 삼았다.

두 번째 의무는 기도이다. 무슬림은 하루에 다섯 번 기도를 드려야 하며, 기도를 드리는 시간은 매일 조금씩 다르다. 업무 등의 이유로 정해진 낮 시간에 기도를 하지 못할 때에는 저녁에 한꺼번에 기도를 드린다. 기도 시간은 보통 3분에서 5분 정도이며, 낮에 기도를 한 번도 못 드렸다면 저녁에 25분 내외의 기도를 하여야 한다고 한다.

세 번째 의무는 자카트(Zakat), 곧 기부이다. 무슬림은 영적 정화를 위한 수단으로 자카트의 의무를 수행해야 한다. 정확한 기부 금액이나 기여율은 정해져 있지 않지만, 대략 이익이나 재산의 2.5%를 곤궁하거나 필요로 하는 사람들에게 기부하여야 한다. 아랍에미리트의 경우에는 연방법(Federal Law No. 4/2003, 2003년 2월 15일 제정)에 따라 독립성을 갖는 정부 기구로 '자카트 펀드(Zakat Fund)'가 있다. 이 기구는 자카트의 징수와 배분에 관한 업무를 수행한다. 아랍에미리트의 자카트 펀드는 주로 형편이 어려운 학생들이나 환자들을 위한 장학 사업과 치료비 지원, 빌린 돈을 갚지 못한 외국인 채무자를 지원하여 본국으로 돌아갈 수 있도록 하는 사업 등에 사용되고 있다. 아부다비 시내의 쇼핑몰에는 기부를 할 수 있는 자동화기기가 군데군데 설치되어 있다.

네 번째 의무는 라마단(Ramadan)이다. 라마단은 이슬람력으로 매년 9월에 한 달 정도 지속되는데, 이 기간에는 금식과 금욕을 하여야 한다. 라마단 기간 중에는 성관계를 해서는 안 되며, 해가 떠 있는 동안에는 먹거나 마시는 행위를 금해야 한다. 그러나 해가 진 저녁 시간부터 해가 뜨기 전 새벽까지는 음식을 먹는 것이 허용된다. 라마단의 배경에는 어려운 사람이나 곤궁한 이들을 생각하며 고통을 함께 나누자는 의미가 있다. 사우디아라비아에서는 라마단 기간 중에 음식을 먹거나 음료를 마시는 외국인은 고용 계약을 종료하거나 추방한다고 발표하기도 하였다.

마지막으로 다섯 번째 의무는 메카 순례이다. 순례는 이슬람의 완성이라 일컬어지는데, 무슬림이라면 반드시 평생에 한 번은 성지인 메카를 방문해야 한다.

아랍에미리트에서 생활하는 동안 라마단과 관련되어 몇 가지 생각나는 것이 있다. 먼저 라마단 기간은 음력인 이슬람력을 기준으로 하기 때문에 양력 기준으로는 그 날짜가 매년 바뀐다. 예를 들어 아랍에미리트에서 라마단은 2012년의 경우 7월 20일에서 8월 18일까지였는데, 2013년에는 7월 10일에서 8월 7일까지였다. 이렇게 기간은 약한 달이지만 시작일이 매년 10일 정도 앞당겨진다. 그래서 최근처럼 라마단 기간이 여름철일 경우에는 더욱 힘들 수밖에 없다. 낮 시간이 가장 긴 시기이므로, 그만큼 금식하는 시간도 길어지기 때문이다. 한편, 라마단의 시작은 초승달의 관찰 시점에 의존하므로 같은 이슬람권에서도 그 시작일이 지역별로 하루 이틀 정도 차이가 난다. 2013년의 경우, 아프리카 일부 지역에서는 라마단이 7월 9일에, 중동 지역에서는 7월 10일에 시작되었다.

라마단 기간에는 일부 식품의 가격이 인하되기도 한다. 마치 우리나라에서 추석을 앞두고 정부가 제수용품이나 생활필수품 등의 가격 동향을 점검하는 것처럼 아랍에미리트에서도 라마단 기간이 되면 필수품에 대한 가격을 모니터링한다. 2012년의 경우 아랍에미리트 경제부는 라마단이 시작되기 직전에, 라마단 기간 동안 소비자를 위해 쌀,

밀가루, 설탕, 계란, 대추야자, 물 등의 품목에 대해 30% 정도 가격을 인하한다고 발표하였다.

운전과 관련된 것도 있는데, 무슬림 운전사는 낮에 아무리 더워도 물 한 모금 마시지 않는다. 라마단의 뜻이 '타는 듯한 열(scorching heat)' 또는 '건조(dryness)'라고 하는데, 이 말의 뜻을 실감하게 된다. 라마단 기간 중 먼 길을 가는 경우, 뒷좌석에 앉아 혼자 물을 마시려면 운전사의 눈치를 보지 않을 수가 없다. 라마단 기간에는 차 안에서도 물을 마시면 경찰에게 주의를 받는다. 음식이 금지되는 공공장소의 범주에 차 안도 포함되는 것이다. 차가 달릴 때는 그나마 괜찮지만, 차 안이 들여다보이는 건널목에 멈출 때는 마시거나 먹는 것을 조심하는 것이 좋다.

라마단 기간에는 차를 운전할 때 특히 조심해야 한다. 금식으로 인해 사람들의 인내심이 줄어들고 해 질 녘에 저녁 식사를 기대하며 퇴근하느라 운전을 서두르다 보면 교통사고가 일어날 가능성이 높기 때문이다. 또 택시 운전사들 중에는 서아시아 계통 사람들이 많은데, 라마단 기간에는 이들이 담배처럼 즐겨 씹는 '나스와르(naswar)'라는 잎도 금지되기 때문에 택시 운전사들이 예민해져 교통사고 가능성이 높아진다는 시각도 있다. 통계 수치로 나와 있지는 않지만 중동 지역에서 오랫동안 차를 운전해온 현지 외국인 운전사들이 하는 이야기이니, 전혀 근거 없다고 할 수는 없을 것이다.

라마단과 관련해, 현지 무슬림들은 업무시간이 단축되어 일찍 퇴근하지만 무슬림이 아닌 관광객이나 외국인 거주자는 점심식사를 어떻게 할까 궁금해하는 사람들이 많다. 라마단 기간에는 식당 대부분이 영업을 하지 않으므로 집에 돌아가서 식사를 하거나 아침에 간단한 도시락을 싸가지고 가서 남의 눈에 잘 띄지 않는 사무실 등에서 혼자 먹는 경우가 많다. 아랍에미리트에서는 외국인 관광객들을 배려해 호텔 식당 중 일부가 해가 떠 있는 낮에 영업을 하기도 하는데, 대부분은 외부에서 들여다보이지 않도록 식당 한 곳에 장막을 치고 그 안에서 조용히 음식을 파는 경우가 많다. 따라서 라마단 기간 중이라도 잘 살펴보고 물어보면 외부에서도 점심을 해결할 수 있다.

한편 일몰 직후부터는 식사가 가능한데, 그 첫 번째 식사를 '이프타르(Iftar)'라고 부른다. 라마단 기간을 이용해 부유한 현지인이나 기업들이 이프타르에 주요 고객들을 초대하기도 하는데, 외국인에게는 많은 사람을 만날 수 있는 기회이자 사교장이므로 초대에 적극적으로 응하는 것이 좋다. 우리나라 외교부에서도 상대 국가의 관행을 존중해주한 이슬람 국가의 공관장들을 초대해 이프타르를 연다. 호텔과 식당에서는 저녁 7시 이후에 평상시보다 가격이 저렴한 '이프타르 특별할인' 메뉴를 판매하기도 한다.

'소루(Sorour)'라는 두 번째 식사를 하기도 하는데, 밤 11시 정도에 시작해 자정 넘어서까지 계속된다. 이프타르가 일몰 후 저녁식사라면, 소루는 일출 전 아침식사에 해당한다고 보면 된다. 낮에 금식하기 때문에 소비가 줄지 않을까 하는 생각이 들기도 하지만, 이러한 밤 모임이 활발하게 이루어지므로 라마단 기간 중에 오히려 경제 활동이 활발한 측면도 있다고 한다.

라마단 기간이 끝나면 이드(Eid)라는 공휴일이 이어진다. 이드 기간은 나라마다 다른데, 2012년에 아랍에미리트는 3일, 오만은 5일, 카타

'행복한 라마단(Ramadan Kareem)'이라는 문구가 걸려 있는 마트 입구.

르는 12일이었다. 한편, 이드 공휴일은 한 나라 안에서 다르게 적용되기도 하는데, 아랍에미리트 경우 2012년에 공공 부문의 이드 공휴일은 3일이었던 반면, 민간 부문은 2일로 공공 부문의 이드 공휴일이 하루 길었다. 2013년에는 주말을 포함해 5일(8월 7일~11일)이 이드 공휴일로 지정되었다. 이드 기간은 나라마다 라마단 종료 시점에 발표하는데, 황금 같은 연휴임에도 불구하고 보통 라마단 종료가 임박해서 정해지기 때문에 샐러리맨들은 여행 예약을 하기 어렵고 뒤늦게 예약하려면 숙박료가 올라 애를 먹기도 한다.

라마단 기간에는 보통 업무시간이 단축된다. 공공기관은 출근시간이 한 시간 정도 늦어지고 퇴근도 보통 때보다 조금 빨라진다. 다만, 오전 중에는 업무가 정상적으로 수행된다. 보통 라마단 기간에 현지인 방문을 삼가는 것이 좋다는 이야기를 많이 하지만, 반대로 생각하면 이 기간이야말로 현지 관공서나 기업을 방문하기에 좋은 기회이기도 하다. 라마단 기간에는 대부분의 현지인이 휴가나 해외 출장을 삼가고 본국에 체류하면서 우리의 추석 명절과 마찬가지로 가족과 함께 시간을 보내기 때문에, 이들이 사무실에 근무하는 오전 시간에 방문하면 오히려 더 수월하게 만날 수 있다. 아랍에미리트 사람들은 손님이 찾아오면 환영의 의미로 차와 대추야자 등을 제공하는데, 라마단 기간에는 낮 시간대 방문자나 손님에게 음료를 제공하지 못하므로 미안하다는 말을 하기도 한다.

라마단 기간에는 크리스마스 같은 장식이 길거리에 많이 등장하고 카드를 서로 주고받기도 하는데, 현지인을 만나면 '메리 크리스마스'처럼 '라마단 카림(Ramadan Kareem)'이라고 인사하면 된다.

5 / 중동에 대한 상식의 허와 실

중동에 살다 보면 중동 지역에 대해 잘못 알고 있는 부분이 더러 있나는 것을 깨닫게 된다. 중동 지역을 여행하거나 비즈니스를 하기 위해서는, 우리가 가지기 쉬운 선입견이나 오해를 바로잡을 필요가 있는데, 아랍에미리트에서 생활하며 느낀 몇 가지를 소개하고자 한다.

우선, 기후에 관한 것이다. 사막은 항상 덥고 건조하다고 생각하기 쉽다. 물론 1년 중 상당 기간이 덥고, 상상할 수 없을 정도로 기온이 높다. 7~9월에는 49도까지 올라가며 사막 한가운데는 60도 가까이 오르내린다. 여름철에는 정부에서 정오부터 오후 3시까지 안전을 위해 모든 야외 작업을 금지시키기도 한다. 그러나 사막에도 겨울이 있다. 물론 겨울철이라고 하더라도 우리나라처럼 춥지는 않다. 온도가 17~18도에서 28~29도 사이를 오가는 초가을 날씨처럼 시원하다. 우리나라에 사계절이 있다면, 사막에는 두 계절이 있다. 겨울철은 11월부터 시작해 3월 중순까지 5개월 정도 되고, 그 전후 한두 달도 여름에 비해 기온이 비교적 낮아 사막에서도 사람들이 살 수 있는 것이다. 겨울철 밤에는 상당히 춥기 때문에 사막을 여행하려면 옷을 단단히 준비해야 한다. 두바이에 사는 교민 한 분이 담요공장을 운영한다고 해서 제대로 팔리느냐고 물었더니, 매년 150만 장 이상 판매된다고 해서 놀란 적이 있다. 냉방은 어디나 잘 되어 있지만 난방은 거의 되어 있지 않은 GCC 지역에서 담요는 난로와 같은 역할을 하고 있는 것이다. 필자도 겨울철에 담요를 애용했다.

우리가 상상하는 것처럼 내륙 사막의 도시는 1년 내내 대단히 건조하다. 그러나 아부다비나 두바이 같은 해변 도시는 연중 습도가 대체로 낮게 유지되지만, 여름에는 아라비아 만을 타고 불어오는 바람의 영향으로 습도가 급격히 높아진다. 특히 8월과 9월에는 새벽부터 오전 중에 습도가 대단히 높아 우리나라 7월 말의 한여름 못지 않게 매우 후덥지근하다. 이 기간에는 골프 등 야외 운동을 삼가는 것이 좋지만, 굳이 해야 한다면 습도가 높은 오전보다는 온도가 올라가는 오후에 하는 것이 더 좋다.

이러한 날씨 여건에 맞추어, 아랍에미리트에서는 주요 행사가 보통 11월에서 2월 사이의 겨울철에 집중되어 있다. 세계적인 골프 대회, 테니스 대회, F1 대회, 각종 전시회, 영화제, 음악회 등이 이 시기에 주로 개최된다. 사람들이 아부다비 시내의 공원에 모여 바비큐를 해서 먹거나 가족들이 공놀이하는 모습을 쉽게 찾아볼 수 있다.

기후가 이렇다 보니 사막의 진정한 아름다움을 감상할 수 있는 것도 우리나라의 초가을 같은 날씨를 가진 겨울철이다. 이때 사막 쪽으로 드라이브를 해보면 영화처럼 아름다운 붉은 모래 사막을 만끽할 수 있다. 물론 여름철에도 더위를 피해 즐거움을 찾을 수 있다. 7~8월의 뜨거운 여름에는 관광객이 많지 않기 때문에 호텔들이 가격을 대폭 내려 받는 경우가 많다. 비교적 저렴한 가격으로 바닷가의 고급 호텔에 머물 수 있는 기회가 생기는 것이다. 대부분의 호텔 수영장은 여름철에도 물의 온도를 차갑게 맞춰놓기 때문에 뜨거운 태양 아래 해변의 호텔 수영장에서 한가로운 한때를 보내는 호사를 누릴 수 있다.

두 번째는 사막에 관한 것이다. 아랍에미리트는 거대한 아라비아 반도*에 있는 아라비아 사막**의 북동쪽 아라비아 만 연안에 위치해 있어 연중 강수량이 대단히 적다. 위도 상으로 아부다비보다 약간 북쪽에 위치한 두바이***는 겨울철에 며칠 정도 비가 내리지만, 아부다비는 실제로 비를 볼 수 있는 날이 1년에 2~3일에 불과하고, 비가 오더라도 10분 이상 지속되는 경우가 드물다. 일반적으로 사막은 불모의 땅으로 알려져 있지만, 사람들은 이 사막 위에 길을 내고 공장을 세우고 호텔을 짓고 있다. 한국이 아랍에미리트에 건설하고 있는 아랍 최초의 원자력발전소도 해변의 사막 위에 세워지고 있다. 두바이를 지상에서

* 아라비아 반도는 아시아 대륙과 아프리카 대륙을 연결하며, 이란 방향의 아라비아 만(灣), 아프리카 방향의 홍해(海), 인도 방향의 아라비아 해(海)로 둘러싸여 있다. 이 아라비아 반도 내에는 가장 큰 면적을 차지하는 사우디아라비아(약 200만 제곱킬로미터)를 비롯해, 한반도보다 더 큰 오만(약 31만 제곱킬로미터)과 예멘(약 53만 제곱킬로미터), 남한보다 약간 작은 아랍에미리트(약 8만 3,000제곱킬로미터), 경상북도 크기의 쿠웨이트(약 1만 8,000제곱킬로미터), 전라남도 크기의 카타르(약 1만 2,000제곱킬로미터), 서울(605제곱킬로미터)보다 약간 큰 바레인(약 741 제곱킬로미터) 등의 나라가 위치해 있고, 아라비아 반도의 북쪽에는 메소포타미아 문명이 발생한 이라크 등이 있다.

** 아라비아 사막은 면적 233만 제곱킬로미터로 한반도의 10배에 이르며, 아라비아 반도의 대부분을 차지하는 광활한 사막이다. 그 중심부의 룹알할리(Rub Al Khali) 사막은 대부분 밀가루 같은 고운 모래로 형성되어 있고 낮은 언덕의 바다와 같은 모습이다. 세계에서 가장 큰 사막은 아프리카에 있는 사하라 사막이지만, 밀가루 토질의 사막으로는 아라비아 사막이 가장 크다.

*** 두바이의 위도는 25°이며, 아부다비의 위도는 24°이다.

둘러보면 온통 높은 건물만 보여 짐작하기 힘들지만, 하늘 위에서 내려다보면 주위가 모두 회색인 사막 지역임을 확인할 수 있다.

사막은 건조한 기후와 오랜 풍화작용으로 형성되었지만 우리가 상상하는 것처럼 지하 수백 미터까지 사막 토양은 아니다. 건설에 참여한 사람들의 이야기를 들어보면, 지역에 따라 다르지만 지하로 어느 정도 들어가면 암반층이 나오며, 건물을 짓기 위해서는 먼저 이 암반층에 파일을 박아 지반을 튼튼하게 해야 한다고 한다. 원전과 같은 발전소도 파일을 박고 콘크리트로 지반을 안정시킨 뒤 그 위에 짓기 때문에 안전하다고 한다. 물론 땅 위에 짓는 것보다 비용이 훨씬 많이 들지만, 땅값이 워낙 싸기 때문에 총비용은 비슷할 것이다.

사막 밑에는 지하수가 흐르는 곳이 있는데, 이 지하수가 지표 밖으로 나와 고이면 오아시스가 된다. 사람들은 이 오아시스 지역을 중심으로 대추야자(종려나무) 농사를 지으며 오랜 기간 정주하기도 하고, 대상(隊商, caravan)들은 잠시 쉬어가는 쉼터로 삼기도 하였다. 오아시스가 아니더라도 사막을 바라보면 지하수가 지표에서 비교적 가까운 곳에 있을 것으로 짐작되는 곳들이 있다. 사막 가운데에서 띠를 두르듯 유난히 파릇파릇한 작은 식물들이 자생하거나 물이 증발하고 소금기만 남아 하얀색으로 반짝이는 곳들이 그곳이다. 대표적인 오아시스 도시 리와(Liwa)와 알아인(Al Ain)에서는 지금도 대추야자 농사가 주된 산업이다. 리와는 지금의 알 나흐얀(Al Nahyan) 아부다비 왕가와 알 막툼(Al Maktoum) 두바이 왕가의 발원지이며, 알아인은 아부다비의 현 통치자와 왕자들이 출생하고 자란 곳이어서 대단히 중요시된다.

아랍에미리트에서 살다 왔다고 하면 많은 사람이 사막에서 골프를 어떻게 쳤느냐며 궁금해한다. 매트를 들고 다니며 치는 사막 골프장을 상상하면서 말이다. 그러나 아랍에미리트에는 초록 잔디가 심어진 큰 규모의 골프장이 2013년 6월 현재 17개나 있다. 산지가 많은 우리나라에서는 주로 산을 깎아서 골프장을 건설하지만, 아랍에미리트에서는 보통 사막 토양을 일정한 깊이까지 파고 흙으로 객토하여 골프장을 만든다. 땅값이 싸고 제3국에서 유입된 근로자들의 인건비가 저렴하기 때문에 건설비용은 우리나라에서보다 높지 않다. 특히 클럽하우스나 그늘 집에 큰 비용을 들이지 않는다. 코스 설계 수준도 높아, 두바이의 '에미리츠 골프' 클럽에서는 매년 데저트 클래식(Desert Classic) 대회가 열리며, 타이거 우즈 등 세계적인 골퍼들이 참가한다. 또 '아부다비 골프' 클럽에서는 매년 1월에 정기적으로 유러피언 투어 대회가 개최된다. 날씨가 덥다 보니 반바지 차림이 허용되고, 홀마다 차가운 식수가 공급되며, 골프카트를 페어웨이 안까지 몰고 들어가는 것이 일반화되어 있다. 일사병을 방지하기 위해 수시로 물을 마시는 것이 중요하며, 기온과 습기가 동시에 올라가는 8~9월에는 열사병의 위험도 있으므로 피하는 것이 좋다.

　세 번째는 종교에 관한 것으로, 이슬람 지역에서 다른 종교생활을 할 수 있는지도 궁금한 사항의 하나이다. GCC 6개국의 개방 정도가 다르기는 하지만 소규모 종교행사에 대해서는 대체로 일정 지역에 한해 허용하는 편이다. 무슬림들에게 선교하지 말라는 것일 뿐, 개인의 종교 활동에 대해서는 개의치 않는다. 현재 아랍에미리트에 불교 사찰은 없지만 천주교 성당과 개신교 교회는 있다. 아부다비의 경우 미국인 교회, 영국인 교회, 인도인 교회, 이집트인 교회가 종교 지역으로 지정받은 곳에 설립되어 있고, 이 교회당 건물을 한국, 필리핀, 소말리아 등 여러 나라 사람들이 시간대별로 임차하여 예배를 보고 있다.

한편, 이슬람에서는 음주 행위가 금지되지만 아랍에미리트에서는 제한적으로 주류 판매와 음주가 허용된다. 물론 정부의 엄격한 규제 아래 있으며, 주류 판매 허가를 받아야만 영업 행위를 할 수 있다. 또한 술을 구매할 때도 허가를 받아야 하며 정해진 주류 상점에서 구입해 자신의 주거지에서 마실 수 있다. 공항 면세점에서는 4병까지 구매할 수 있다. 일반적으로 호텔과 골프장 등 스포츠 시설에 주류 판매 허가가 나기 때문에 이들 업소에서는 음주가 가능하다. 그러나 호텔이 아닌 일반 음식점(한국음식점 포함)에서는 음주가 허용되지 않는다. 그리고 주의해야 할 것은 음주 운전을 하거나 술을 마시고 거리를 배회하는 경우 엄중한 처벌을 받으므로 삼가는 것이 좋다.

중동에 산다고 하면 가장 많이 받는 질문 중 하나가 중동 사람들은 진짜로 아내가 여러 명이냐는 것이다. 결론부터 말하면, 3년간 아랍에미리트에 살았지만 아내가 여럿인 사람을 쉽게 볼 수 없었다. 이슬람 율법(Shariah)*에서 아내가 4명까지 허용된다는 것일 뿐, 젊은 세대에서는 거의 찾아보기 어렵다. 물론 같은 중동이라도 개방 정도에 따라 나라나 지역마다 조금씩 차이는 있을 것이다.

비즈니스를 할 때 반드시 알아두어야 할 것들도 많다. 우선 소득 수준과 관련해서 살펴보면, 아랍에미리트의 1인당 국민소득은 대략 4만~5만 달러로 알려져 있다. 하지만 이러한 통계는 국내총생산(GDP)을 외국

---

* 샤리아는 이슬람 경전인 코란과 예언자 모하메드의 말씀, 생활태도 등에 대한 해석을 담은, 이슬람교도의 생활법전이다.

인 체류자를 포함한 전체 거주 인구로 나눈 수치이므로, 아랍에미리트의 순수한 국적자, 즉 에미라티(emiratis)의 소득을 나타내는 것은 아니다. 전체 인구 800여만 명 중 에미라티는 11.5% 정도에 불과하므로 에미라티들의 평균 소득수준은 통계상 나타나는 수치보다 몇 배 높다고 봐야 할 것이다.

'이슬람 금융(Islamic Finance)'을 둘러싼 오해도 많다. 몇 년 전 우리나라에서 이슬람 채권인 수쿠크(Sukuk)의 발행과 관련된 사항을 세법에 반영하려다가 크게 논란이 된 적이 있었다. '이슬람 금융'이란 돈만 빌려주고 금전적인 이득인 이자만을 받는 행위를 금지하는 이슬람 율법에 따라 실물자산을 동반하거나 투자 수익 형태로 이득을 취하는 금융 수단을 의미하는데, 우리나라에서는 종교계의 반발로 수쿠크 관련 제도의 도입이 무산된 것이었다. 이러한 논란 이후 중동 지역에서는 이자도 없고 채권 발행도 어렵다고 오해하는 경우가 많은데, 사실은 그렇지 않다. 아직도 대부분의 은행이 우리나라의 은행과 같이 일반적인 금융(conventional banking)을 취급한다. 이슬람 금융을 전업으로 하는 은행은 지난 10~15년 사이 부쩍 늘어난 새로운 현상이며, 최근에는 일반 은행에서도 별도의 창구를 만들어 이슬람 금융을 취급하는 경우가 늘어나고 있다. 이슬람 금융이 비교적 빠르게 성장하고 있으나 국제 금융시장에서 차지하는 비중은 아직 2% 수준에 불과하다. 따라서 중동 금융시장 대부분은 우리와 같이 일반적인 금융과 상품으로 이루어져 있다는 사실을 이해할 필요가 있다.

많은 사람이 중동은 폭발물이 자주 터지는 위험한 지역이라고 생각한다. 아직도 분쟁 지역이 많고, 실제로 테러가 일어나고 있으므로 여행이나 비즈니스를 할 경우에는 항상 조심하고 경계해야 한다. 하지만 무턱대고 중동 지역 전체를 위험 지역으로 보는 것은 별로 도움이 되지 않는다. 중동은 터키, 이란으로부터 아랍 국가들, 이스라엘, 그리고 북 아프리카의 수단과 모로코까지를 아우른다. 이 중에는 전쟁 중인 나라도 있고 안전하지 못한 나라도 있다. 하지만 산유국인 GCC 국가들처럼 부유하고 안정적인 환경을 갖추고 있는 나라도 상당수 있다. 실제로 아부다비에서 밤에 산책을 나갈 때 치안을 걱정한 적은 거의 없었다.

대부분의 중동 사람들은 친절하고 평화를 사랑한다. 생김새는 동양인보다 서양인에 더 가깝지만, 가족을 중시하고 노인을 공경하며 불쌍한 이웃을 도와주는 것이 의무라고 생각하는 동양인의 감정과 덕목을 많이 공유하고 있다. 그래서 생각보다 훨씬 쉽게 친해질 수 있다. 이러한 사실을 이해하고 있으면 중동 사람들에게 다가가기가 한결 수월할 것이다.

이슬람 금융
샤리아법에 충실한 금융 시스템

아랍에미리트에는 2012년 현재, 이슬람 율법에 따른 금융 서비스를 전담으로 제공하는 이슬람 은행이 7개 있다.* 아랍에미리트 국적의 은행, 즉 로컬 은행은 총 23개인데, 그중 7개가 이슬람 금융만을 취급한다. 2011년에

---

* Abu Dhabi Islamic Bank, Al Hilal Bank, Ajman Bank, Dubai Islamic Bank, Emirates Islamic Bank, Noor Islamic Bank, Sharjah Islamic Bank.

는 이슬람 금융 전담 은행이 8개 있었는데, 그중 하나인 두바이 은행(Dubai Bank)이 글로벌 금융위기를 겪으면서 아랍에미리트 내 자산 규모로 최대 은행인 ENBD 은행으로 인수되면서 7개가 되었다.

이슬람 금융은 돈을 빌려주고 그 금전적 이득인 '이자(riba)'만 받는 것을 금지하는 이슬람 율법에 따라, 이자 대신 실물자산을 동반하는 거래의 대가로서 수익을 분배하는 금융 시스템이다. 부동산 구매자금을 예로 들어보자. 우리가 알고 있는 전통적인 금융에서 은행은 자금이 필요한 부동산 구매자에게 자금을 대출해주고, 정해진 이율에 따라 이자를 받는다. 그러나 이슬람 금융에서는 은행이 해당 부동산을 직접 구매해 부동산 구매자에게 소유권을 이전하거나 그 부동산을 임대한 뒤 계약에 따라 부동산 구매자로부터 해당 자금을 상환받거나 임대료를 받는 구조이다. 이슬람 금융은 실물자산을 동반하다 보니 전통적인 금융보다 자금 거래에 따른 위험이 낮아, 지난 2008년 글로벌 경제위기 시에 상대적으로 건전한 것으로 주목받은 바 있다.

이슬람 금융은 5가지 기본 원칙을 따른다. 첫째는 이자의 수수 금지로, 실물 거래가 수반되지 않은 금전 대여 후 이자만 받는 것을 금한다. 둘째는 불명확성의 배제로, 이해관계 당사자 간에 미래의 현금 흐름 등 모든 사항을 사전에 명확하게 설정해놓아야 한다. 이에 따라 투기 성격의 파생상품이나 선물거래 등은 원칙적으로 금지된다. 셋째는 하람(Haram)의 금지로, 술이나 도박, 돼지고기, 포르노 등과 관계된 금융 활동을 금한다. 중동 지역 중 가장 개방되어 많은 관광객이 찾는 두바이에서조차 카지노가 검토되지 않는 이유이다. 넷째는 수익과 손실의 공동부담으로, 금융기관과 고객은 상호 파트너로서 어느 한쪽의 일방적인 희생에 따른 다른 당사자의 부당한 이득을 금지한다. 다섯째는 이슬람 율법학자로 구성된 위원회(Shariah Committee)로부터 금융상품의 적합성 등에 대해 승인을 받아야 한다.

이슬람 금융에서는 무라바하(Murabaha), 이자라(Ijara), 무다라바(Mudaraba), 무샤라카(Musharaka), 이스티스나(Istisna), 수쿠크 등의 용어가 자주 나온다. 어떠한 차이가 있는지 정리하면 다음과 같다.

우선, '무라바하'와 '이자라'는 실물자산의 소유권이 누구에게 있느냐의 차이이다. 실물자산의 소유권이 채무자에게 이전되면 무라바하이고, 은행이 소유권을 보유하면 이자라이다. 즉, 무라바하는 은행이 채무자가 구입하고자 하는 자산을 직접 매입해 채무자에게 소유권을 이전하고, 은행은 그 매입 비용과 적정 마진을 상환 계획에 따라 채무자로부터 회수하는 금융이다. 주로 주택 등 소비자 금융에서 활용된다. 이자라는 은행이 채무자가 원하는 자산을 직접 매입해 채무자에게 임대하고, 임대 기간 동안 임대료와 사용료를 받는 금융이다. 구입한 실물자산의 소유권을 은행이 가지는 것으로 리스와 유사하며, 기계설비 등 비교적 큰 규모의 금융에 활용된다.

'무다라바'와 '무샤라카'는 투자자와 사업 운영권자의 책임 여부 및 책임 한도에 따른 구분이다. 사업에 대한 운영권자의 책임이 없으면 무다라바이고, 투자자와 운영권자가 공동으로 책임을 나누어 가지면 무샤라카이다. 무다라바는 주로 투자 펀드나 신탁금융에서 활용되는데, 한쪽(은행 또는 투자자)에서 투자하고 다른 한쪽(운영권자)에서 사업을 경영해 협상된 비율에 따라 이익을 배분한다. 원칙적으로 운영권자는 손실이 발생할 경우 투자자금에 대한 책임이 없다. 무샤라카는 투자자와 운영권자가 공동으로 책임을 지는 것으로, 주로 합작투자를 말한다. 투자자와 사업자가 공동 투자/경영을 통해 사업을 수행하고, 사전 계약에 따라 이익을 배분하는 금융 구조이다.

'이스티스나'는 장기 대규모 건설 프로젝트에 활용되는 금융 지원 방식으로, 투자자(은행)는 건설자금을 투자하고 사업자는 프로젝트 건설을 담당한다. 프로젝트 완공 시 소유권은 투자자에게 귀속되며, 사업자는 그 자산을 사용해서 얻은 수입으로 앞서 설명한 이자라 방식으로 투자자에게 임차료를 지불한다. 우리나라의 민자 사업인 BTL(Build-Transfer-Lease) 방식과 유사하다고 볼 수 있다.

'수쿠크'는 이슬람 채권(Islamic Bonds)을 의미한다. 이슬람 채권에 대한 투자자는 이자 대신 실물자산과 연계된 사업에서 발생하는 수익을 배당금 형태로 지급받는다. 지난 2011년 초 우리나라에서 조세특례제한법 개정안을 논의할 때 많은 논란을 일으킨 것이 바로 이 이슬람 채권을 둘러싼 문제였다. 문제는 이슬람 채권의 보유자가 얻는 수익을 이자소득으로 볼 것이냐 아니냐 하는 것이었다. 수쿠크에서 발생하는 수익을 이자소득으로 보고 그 수익에 대해 외국에서 발행되는 일반 외화 표시 채권과 마찬가지로 이자소득세를 면제해야 한다는 것이 정부의 입장이었는데, 한쪽에서는 이슬람 채권의 수익은 형식적으로는 실물거래를 수반하므로 이자소득이 아니며, 양도소득세 등의 관련 세금이 부과되어야 한다는 주장이 대립되었던 것이다.

이슬람 금융은 2010년 말 현재 그 규모가 1조 달러 수준[*]이며, 수쿠크의 경우 글로벌 경제위기 이후 매년 발행 규모가 증가해 전 세계적으로 2010년에는 522억 달러, 2011년에는 849억 달러가 발행되었다.[**]

이슬람 금융은 우리에게 다소 낯설지만 중동 지역과 말레이시아를 비롯한 동남아시아에서는 매우 친숙한 금융 방식으로, 중동 지역의 풍부한 자금을 활용하기 위해서는 이슬람 금융에 지속적으로 관심을 가질 필요가 있다.

---

[*] 한국은행 (2011. 4. 25), "이슬람 금융의 최근 동향 및 전망", 국제경제정보 제2011-17호, p. 6.

[**] Zawya (June 2012), Sukuk Market Growth & Diversification, London Sukuk Summit.

6 /
2011년 아랍의 봄

2011년 1월의 주요 글로벌 뉴스는 중동 지역에서 일어난 반정부 시위 사태였다. 2010년 12월 말부터 튀니지와 알제리에서 국제 곡물 가격 상승에 따른 인플레이션과 높은 실업률 등에 항의하는 시위가 시작되었고, 2011년 1월에는 이집트에서 어려운 생활고와 호스니 무바라크(Hosni Mubarak) 대통령*의 독재정치에 항의하는 시위가 이어졌다. 당시 CNN이나 BBC 등의 언론에서는 카이로의 타흐리르(Tahrir) 광장에 모여든 수많은 시위대의 모습을 연일 방송하였다. 이집트에서 일어난 시위의 특징은 시위대 규모가 매주 금요일만 되면 커졌다는 것이다. 금요일이 공휴일이고, 이슬람 신자들이 금요일 오전 예배를 마친 뒤 시위에 참가했기 때문이다.

---

* 무바라크 대통령은 1981년 안와르 사다트(Anwar Sadat) 대통령이 암살된 후부터 2011년 2월 대통령직에서 물러날 때까지 30여 년간 집권하였다. 그해 4월에 구금된 후 재판을 거쳐 2012년 6월에 무기형을 선고받았다. 이후 2013년 8월 자택으로 돌아와 연금 상황에 놓였다.

2011년 1월 말 이후에는 예멘, 요르단, 바레인, 리비아, 시리아 등 중동 지역 대부분의 국가에서 크고 작은 시위가 이어졌다. 필자의 기억으로는 2011년 4월경에 '아랍의 봄(Arab Spring)'이라는 단어를 처음 들었는데, 아랍의 봄은 2011년 한 해 중동 지역을 특징짓는 단어가 되었다. 아랍의 봄으로 튀니지, 이집트, 예멘, 리비아에서처럼 정권이 교체된 나라도 있고, 시리아처럼 내전 양상으로 혼란이 지속되는 나라도 있다.

2011년에 일어난 아랍의 봄은 석유를 수출하는 국가들에는 석유 가격 상승이라는 반사적인 혜택을 가져왔다. 애초에 중동 지역에서 반정부 시위는 튀니지와 이집트처럼 경제 여건이 어려운 석유 수입국들을 중심으로 시작되었다. 이후 리비아에서 내전이 일어나 리비아의 석유 생산이 거의 중단되었고, 2011년 하반기에는 이란에 대한 미국을 비롯한 국제 사회의 제재 강화가 겹치면서 국제 원유 가격이 100달러를 넘어섰다. 2011년도 브렌트유의 평균 가격은 배럴당 111.26달러로, 2010년도의 79.5달러 대비 40% 상승하였다.[*]

국제 유가의 급격한 상승은 2011년 시위 사태가 발생한 석유 수입국들을 더욱 어렵게 만들었다. 정치적 불안으로 경제활동이 위축되었고, 유럽 관광객 감소와 고유가 등으로 대외 경상수지가 악화되었으며, 이러한 상황들은 정부의 자금 차입 비용을 상승시켰다. 반면, 석유 수출국[**]들은 고유가로 재정 상황이 개선되었다. IMF가 추정한 바에 따르면, GCC 국가들의 경우 2011년 고유가에 따른 경상수지 흑자가 약 2,789억 달러에 달해 GDP 대비 20.6%에 이르는 것으로 나타

---

[*] BP (June 2012), BP Statistical Review of World Energy, p. 15.

났다.***

이처럼 대규모 경상수지 흑자로 재정 여력이 증대된 석유 수출국들은 중동 지역의 정치적 불안이 전파되는 것을 방지하기 위해 공공 부문의 임금 인상 등 사회 분야 재정 지출을 대폭 확대하는 조치를 발표하였다. 예를 들어, 사우디아라비아는 대규모 주택 건설 및 공공 부문의 임금 인상을, 쿠웨이트는 시민에 대한 현금과 식품권 지급을 발표하였고, 카타르와 아랍에미리트도 공공 부문에서 임금을 인상하는 조치 등을 발표하였다.

아랍의 봄이 일어난 국가들에게 아랍의 봄은 장기적으로 보다 발전하기 위한 진통이었지만, 석유 수출국 등 일부 안정된 국가들에서는 재정여력이 증대되었고 인프라 등에 대한 투자가 늘어나는 결과를 가져왔다.

** IMF는 중동·북아프리카 지역의 20개 국가를 구분하면서, 석유 수출국(12개국)과 석유 수입국(8개국)으로 나누고 있다. IMF (2011. 10. 26), Regional Economic Outlook: Middle East and Central Asia, p. ix.
  - 석유 수출국(12개국): 알제리, 바레인, 이란, 이라크, 쿠웨이트, 리비아, 오만, 카타르, 사우디아라비아, 수단, 아랍에미리트, 예멘.
  - 석유 수입국(8개국): 지부티, 이집트, 요르단, 레바논, 모리타니, 모로코, 시리아, 튀니지.
*** IMF (2011. 10. 26), Regional Economic Outlook: Middle East and Central Asia, pp. 98~99.

2013년,
중동의 역사적인 사건들

무척이나 더웠던 2013년 중동의 여름에 이란과 이집트, 시리아에서는 역사에 기록될 만한 사건들이 일어났다.

(1) 이란의 대통령 선거

아랍에미리트 위쪽에 있는 아라비아 만 건너편의 이란에서는 2013년 6월에 제11대 대통령 선거가 있었다. 이란의 대통령은 직접 선거를 통해 선출되며, 4년 임기에 중임이 가능하나 3연임은 제한되어 있다.

이란에서 특이한 것은, 종교지도자인 최고지도자(supreme leader)가 대통령보다 더 많은 영향력을 가지며, 대통령 선거에 출마한 후보자에 대한 적격심사제도를 운영한다는 것이다. 2013년 대통령 선거에서는 테헤란 시장인 칼리바프(Qalibaf)를 비롯해 6명의 대통령 후보가 적격심사를 통과하였다.

2013년 6월 14일에 치러진 대통령 선거에서 총유권자 5,000만 명 중 3,670여만 명이 투표해 72.7%라는 높은 투표율을 보였고, 1,860만 표(특표율 50.7%)를 얻은 하산 로하니(Hassan Rohani)* 후보가 당선되었다. 로하니 대통령은 상대적으로 온건론자이며 개혁파의 지지를 받는 것으로 알려져 있다. 그의 당선 배경으로는 미국을 비롯한 서방 세계의 대이란 경제 제재로

---

* 2013년 6월 현재 64세. 1972년 테헤란 대학 졸업(법학학사), 영국 글래스고의 칼레도니아 대학 법학석사, 1979년 이란 혁명 당시 혁명최고지도자(Ayatollah Khomeini) 지원, 1980~1988년 이란 - 이라크 전쟁 기간 동안 라프산자니(Rafsanjani, 1989~1997년 이란 대통령)와의 관계 강화, 2003~2005년 이란의 핵협상 대표를 지냈으나, 2005년에 핵협상 강경파인 아흐마디네자드 대통령 당선 이후 핵협상 대표직을 사임하였다.

인한 경제적 어려움과, 2009년 민주화 시위에 대한 집권 보수파의 강경 진압에 대한 불만 등이 작용한 것으로 분석되었다.

지난 2005년부터 2013년까지 집권한 아흐마디네자드(Ahmadinejad) 대통령이 이란의 핵개발과 관련해 서방세계에 강경한 입장을 보인 반면, 로하니 대통령은 국제사회와의 대화와 협력 기조를 강조하였다. 그에 따라 로하니 대통령의 당선으로 핵개발과 관련해 이란의 태도가 변할 것이라는 국제사회의 기대감이 컸다. 하지만 이란의 근본적인 입장은 바뀌지 않을 것이라는 분석이 함께 나오기도 하였다.

핵개발 문제를 보면, 이란은 2013년 2월 세 번째로 핵실험을 수행한 북한과 대비되는 점이 있다. 이란은 공식적으로 핵확산금지조약(NPT) 같은 국제 질서를 준수하므로, 자국의 핵개발은 평화적 목적이지 핵무기 개발이 아니라고 주장한다. 물론, 미국을 비롯한 서방 국가들은 이란의 이러한 입장에 의구심을 가지며 근본적으로는 이란이 핵무기를 개발하려는 목적을 가지고 있다고 본다. 이에 반해, 북한은 핵무기를 보유하기 위한 핵실험 사실을 공식적으로 발표하면서, 명백하게 핵무기 보유국으로서의 북한의 지위를 국제사회가 인정할 것을 요구하고 있다.

이란의 대통령 선거 며칠 뒤인 6월 20일, 미국의 오바마 대통령은 독일을 방문해 브란덴부르크 광장에서 핵무기 없는 세상을 역설하며 러시아에 대해 핵무기를 3분의 1가량 감축하자고 제안하였다. 어느 나라든 지구상에서 더 이상의 핵무기 개발은 없어야 한다는 지극히 당연한 명제가 실현되기 위해서는 국제 사회의 대화와 신뢰 형성이 필수적이라고 본다. 'ICBM'이 무엇의 약자인지 묻는 질문에 흔히 '대륙간탄도미사일(Inter-Continental Ballistic Missile)'을 떠올리겠지만, '상호신뢰형성조치(Inter Confidence Building Measure)'라는 답도 있다. 개인이든 국가든 상호 신뢰가 없으면 함께 나아가기 어려울 것이다. 이란의 새로운 대통령에게 이란과 국제 사회 간 신뢰를 강화할 수 있는 조치들을 기대하는 이유이다.

한편, 6월 18일에는 2014년 브라질 월드컵 진출을 위한 한국과 이란 간 지역 예선전이 있었다. 이 경기에서 이란이 1골 차이로 승리하자, 이란의 거리에서는 새로운 대통령의 당선에 이어 월드컵 본선 진출로 인한 축제 분위기가 고조되었다고 한다.

참고로 2013년 11월에 이란과 P+1 국가들(미국, 영국, 프랑스, 러시아, 중국, 독일)은 이란의 핵 개발 능력 억제와 관련한 합의를 이끌어냈다. 이 합의에 따라 이란은 5% 이상의 우라늄 농축 제한과 이미 생산한 고농축 우라늄 희석 등의 조치들을 이행하여야 하며, 그 대신 서방 국가들은 이란에 대한 새로운 경제 제재의 부과 중단과 귀금속·자동차 부품의 거래 허용 등과 같은 선별적인 제재완화 조치들을 시행하기로 하였다. 이 합의는 1년 이내에 최종 단계조치에 대한 협상 매듭이라는 잠정적 시한을 두고 이뤄진 것으로 2014년 동안 이란과 국제사회의 핵 관련 협의는 지속될 전망이다.

(2) 이집트 사태

2013년 이집트에서는 7월 3일 모하메드 모르시(Mohamed Morsy) 대통령이 군부에 의해 축출되었고, 이후 모르시 대통령을 지지하는 시위대를 군부가 강경 진압해 8월 14일과 16일 이틀 동안 수천 명의 사상자가 발생하는 사태가 일어났다.

이러한 사태를 제대로 이해하려면 과거를 되짚어볼 필요가 있다. 이집트는 1981년부터 30여 년간 군부 출신의 무바라크 대통령이 집권해왔다. 그러던 중 2011년에 일어난 시위 사태로 무바라크 대통령이 물러났고, 1년 후인 2012년 6월 국민투표를 통해 무슬림 형제단(Muslim Brotherhood)과 그들이 창설한 자유정의당(Freedom and Justice Party)의 지지를 받은 모르시 대통령이 당선되었다. 그런데 모르시 대통령 취임 1주년이 되던 2013년 6월, 또다시 대규모 반(反)정부 시위가 일어났다. 이는 모르시 대통령의 집권 이후에도 '아랍의 봄'을 촉발시킨 주요 원인, 즉 식량난이나 고물가·고실업 등의 경제적 어려움이 해결되지 못한 탓이었다. 게다가 모르시 대통령이 이슬람 원리주의에 충실한 무슬림 형제단 위주로 인사를 실시한 데 따른 불만도 매우 컸다. 참고로, 1928년에 결성되어 이집트를 중심으로 중동 지역 각국에 수백만 명의 회원을 가진 것으로 알려진 무슬림 형제단은 1954년에 군부 출신 가말 압델 나세르(Gamal Abdel Nasser) 전 대통령에 대해 암살을 기도해, 아랍의 봄이 일어나기 전까지는 불법단체로 지정되어 있었다.

모르시 대통령과 그 정부에 대한 대규모 반정부 시위가 일어나자, 역사적으로 무슬림 형제단과 대립관계에 있던 이집트 군부가 2013년 7월 1일 모르시 대통령을 향해 48시간 내에 물러나라는 요구를 했고, 이틀 뒤 대통령궁을 점거하였다. 이렇게 모르시 대통령이 집권 1년 만에 축출되자, 이번에는 모르시 대통령을 지지하는 시위가 이어졌다. 그러던 중 8월 14일과 16일에 친(親)모르시 시위대에 대한 군부의 유혈 진압이 이루어지면서 600여 명이 사망하고 수천 명이 다치는 사건이 발생하였다. 엘 시시(El Sisi)가 이끄는 이집트 군부는 이후 무슬림 형제단의 지도자들을 체포하는 등 강경책을 이어나갔고, 9월 23일에 이집트 법원은 무슬림 형제단의 활동을 금지하고 그 재산을 압류하는 결정을 내렸다.

모르시 대통령의 축출 이후 몇몇 국가는 이집트에 새로이 들어선 군부를 지지하는 모습을 보였다. 이집트는 아랍의 봄 이후 외환 보유고가 급격히 감소하고 유류 및 식량 부족 등으로 어려움을 겪고 있었는데, 모르시 대통령이 축출되자마자 사우디아라비아와 아랍에미리트, 쿠웨이트 등이 이집트에 대한 재정 지원에 나선 것이다. 아랍에미리트는 7월 9일 외교부 장관 등 대표단을 이집트에 파견해 30억 달러 규모의 자금 지원을 약속하였는데, 10억 달러는 무상으로, 20억 달러는 이집트 중앙은행에 무이자로 예치했다. 비슷한 시기에 사우디아라비아는 50억 달러 규모의 재정 지원을 승인하였고, 쿠웨이트 역시 50억 달러 규모를 이집트에 지원하였다. 이러한 재정 지원에는 무슬림 형제단의 세력이 자국으로 확산되는 것을 방지하기 위한 목적도 있었을 것이라는 분석이 제기되었다. 아랍에미리트는 2013년 10월 말에 주택 건설 및 연료 지원 등의 목적으로 39억 달러를 추가로 이집트에 지원하였다.

30여 년간 이어오던 독재 정부가 무너지고 2012년에 새로운 정부가 들어섰으나 1년 만에 파국을 맞았다. 이러한 이집트 사태는 이해관계가 다양하고 경제가 어려운 상황에서는 모든 국민의 일치된 지지를 받는 것이 쉽지 않다는 것을 잘 보여주며, 한 나라의 안정적인 성장과 발전에 가장 중요한 것은 결국 국민적 통합과 단결의식, 그리고 경제적 번영이라는 것을 일깨워주고 있다.

2013년 7월, 모르시 전 대통령을 축출하고 1년여 동안 과도내각을 이끌었던 군부지도자인 엘 시시(El Sisi)는 국민투표를 거쳐 2014년 6월 8일에 대통령으로 취임하였다.

(3) 시리아 사태

2013년 8월, 이스라엘과 국경을 접하고 있는 인구 2,200만 명의 시리아에서는 아사드 대통령의 정부군과 시민군 사이의 내전이 2년 이상 지속되고 있었다. 아사드 대통령의 아버지가 1970년에 쿠데타로 집권한 뒤, 2000년에 아사드 대통령이 정권을 이어받았는데, 2011년 초 아랍의 봄의 영향으로 아사드 대통령에 대한 시위 사태가 발생했고, 종파 간 갈등과 각국의 이해관계*가 엇갈리면서 기나긴 내전 양상이 지속되었다.

---

* 시리아 집권층은 시아파인 데 반해, 국민의 다수는 수니파이다. 러시아는 시리아에 대한 무기판매 및 시리아에 있는 해군기지 등의 이유로 아사드 대통령을 지원하는 입장이고, 이란 또한 시리아와 긴밀한 관계를 유지하고 있다.

그러던 중 2013년 8월 21일 수도인 다마스쿠스 외곽에서 화학무기가 사용되어 어린이를 포함한 1,000여 명이 사망하였다. 미국을 비롯한 서방세계는 화학무기의 사용을 규탄했고, 미국의 오바마 대통령은 시리아의 화학무기 제거를 위한 제한적인 공격 및 군사개입안을 의회에 제출하였다.* 우리나라의 외교부도 시리아에서의 화학무기 사용을 강력히 규탄하면서, 화학무기 사용 책임자에 대한 강력한 처벌을 요구하는 내용의 성명서를 발표하였다.

2013년 8월 말부터 9월 초에 미국 정부는 시리아의 화학무기 제거를 위한 제한적인 군사개입을 할 것이냐 말 것이냐 선택의 기로에 놓여 많은 고민을 했다. 시리아에 대한 군사개입을 정당화하기 위해서는 UN 차원의 결정이 있어야 하지만 러시아와 중국 등은 이에 반대했고, 군사개입을 하지 않을 경우 국제적으로 금지된 화학무기의 사용을 용인하는 셈이 되어 추후 북한 등에서의 화학무기나 핵무기 사용에도 좋지 않은 선례를 남기는 것이었다. 미국의 고민이 깊어지던 중에, 러시아의 중재안으로부터 해결방안이 마련되었다. 시리아가 보유하고 있는 화학무기를 국제기구의 통제 아래에 두면서 폐기하는 방안을 수용함으로써 시리아에 대한 미국의 군사개입 고민이 사라진 것이었다.

2013년 6월부터 8월 말까지 3개월 동안 이집트와 시리아에서 발생한 일련의 사태는 일시적이기는 했지만, 국제 유가의 상승에 큰 영향을 미쳤다. 이집트와 시리아는 비록 산유국은 아니지만 주변에 이라크나 이란, 사우디아라비아와 같은 산유국들이 위치해 있고, 많은 양은 아니지만 이집트의 수에즈 운하를 통해 원유가 수송되기 때문에 두 나라의 불안한 상황은 국제 유가의 상승으로 이어지는 요인이 되었던 것이다. 2013년 상반기에 다소 하락하던 국제 유가는 7월 초부터 일시적인 상승 추세로 전환됐는데, 브렌트유의 경우 2013년 6월 말 배럴당 100달러 수준에서 이집트와 시리아 사태 이후 9월 초에는 116달러 수준으로 상승하기도 하였다.

---

* 영국에서도 시리아에 대한 군사 개입안이 의회에 제출되었으나 부결되었다.

UNITED
ARAB
EMIRATES

2부

아랍에미리트연합의
탄생과 발전

아랍에미리트연합은 아라비아 반도에 있는 아부다비와 두바이 등 기존 7개 토후국이 1971년 연방국으로 새출발하면서 탄생했다. 1960년대 말 영국의 중동 지역 철수 발표를 배경으로, 처음에는 바레인, 카타르까지 포함하는 9개국 연방으로 논의되기도 하였다. 연방 출범 이후 막대한 석유가스 자원을 바탕으로 지난 40여 년간 빠르게 발전하면서 중동의 경제 허브 국가로 자리매김했다. 2000년대 들어 두바이의 창조적 국가 경영, 세계 최고층의 부르즈 칼리파(Burj Khalifa) 건설, 아랍 세계 최초의 원자력발전소 건설 등으로 세계의 이목을 집중시키며 국제 사회에서 작지만 강한 국가로 급성장했다. 사막 베두인의 전통과 초고층 빌딩으로 이루어진 스카이라인이 공존하는 나라 아랍에미리트, 국가 발전을 위한 창의적 비전과 이를 달성하기 위한 끊임없는 노력과 열정이 그 미래 모습을 기대하게 한다.

1 / 아라비아 반도의 베두인

비스듬히 길게 누운 아라비아 반도의 동남쪽 끝자락 아라비아 해와 접해 있는 지역에는 곳에 따라 해발 3,000미터에 이르기도 하는 하자르(Hajar)와 도파르(Dhofar) 등의 산맥이 자리 잡고 있다. 이 산맥에 인도양의 몬순이 막혀 산맥 반대편의 아라비아 반도 내륙 지역에는 대부분 고온 건조한 사막이 형성되었고 사람들이 거주하기에 적합하지 않은 환경을 만들어냈다. 아라비아 해에 접한 해양국가인 오만과 예멘은 향료와 커피 생산, 그리고 이를 중심으로 한 해상무역의 오랜 역사를 가지고 있고, 반도 서쪽 홍해에 접한 쪽과 반도의 북쪽 이라크와 접한 지역은 실크로드의 이동로로서 나름대로 오랜 정주인의 역사를 가지고 있다. 그러나 오늘날의 아랍에미리트가 자리 잡고 있는 아라비아 반도의 북동쪽 지역에 언제부터 사람들이 거주했는지는 분명하지 않다.

아라비아 반도의 가운데 넓은 사막지대는 낙타로 이동하며 살아가
는 베두인족의 무대로 오랫동안 남아 있었다. 베두인들은 큰 무리를
이루기보다는 부족 중심의 여러 집단을 형성하고 오아시스가 있는 지
역을 중심으로 상호 투쟁과 협력의 역사를 이루어왔다. 일부 사람들
은 오늘날의 두바이와 샤르자(Sharjah), 라스알카이마(Ras Al Khaimah)
지역 등 북부 에미리트 해변에 정주해 살면서 인도계 상인들의 해상
무역을 지원하며 생계를 유지하였다.

16세기에 들어 유럽에 의한 해상 진출이 활발해지면서, 처음에는
포르투갈이 진출하여 아라비아 반도의 해안가를 따라 요새를 구축하
는 등 식민지화를 추진하였고, 이어서 영국이 인도를 지배하고 동인도
회사를 설립한 뒤부터는 영국이 자국 상인들의 이익을 지키기 위해 이
지역에 관심을 갖기 시작하였다. 영국은 1820년경 현 아랍에미리트 지
역의 각 부족 집단들과 일종의 항행 안전보장 계약인 휴전 약정(Truce)*

들을 맺기 시작하였다. 지난 200년간의 이 지역 역사는 이 지역에서 강력한 영향력을 행사한 영국 측에 의해 상세히 기록되어 있다.

아부다비와 두바이 사람들은 원래 현 사우디아라비아와 아랍에미리트의 국경 지역에 있는 리와라는 오아시스 지역을 중심으로 살던 바니야스(Bani Yas)** 부족연합 출신이었다. 그러나 부족 간 갈등으로 1833년경 그중 한 집단이 북부 해변 지역으로 이주하여 현 두바이 지역에 정착하였고, 현지 토착 주민들을 보호해주고 보호세 형식으로 돈을 받는 지배 집단으로 출발한 것이 오늘날의 두바이 왕가인 알 막툼(Al Maktoum) 가문이다. 아부다비 사람들은 리와를 중심으로 지하수를 활용한 대추야자 농사를 지으면서, 여름철에는 여의도 면적의 8배 정도에 달하는 오늘날의 아부다비 섬 지역으로 이동해 인도 상인들을 대상으로 진주잡이를 했다.

현재 아랍에미리트연합의 수도인 아부나비 섬에는 민물 샘물이 없어 식수 부족으로 정주할 수 있는 여건이 되지 않았고, 매년 한 차례 리와 오아시스 지역에서 아부다비 섬까지 150여 킬로미터의 거리를 낙타를 타고 며칠에 걸쳐 목숨을 걸고 오가는 생활을 하였다고 한다. 그러다가 우연히 아부다비 섬 인근에서 민물 지하수가 발견되어 당시 아부다비의 통치자(Sheikh Shakhbut bin Dhiyab)가 1790년경 아부다비

---

* 이후부터 이들 부족국가들은 휴전 협약을 맺은 나라들이라는 표현의 'Trucial States'로 문서에 기록되었다.
** '야스의 아들들(sons of Yas)'이라는 의미이다. 200여 년 전 현재의 아부다비 지역에서 여러 가문이 이룬 부족 연합을 지칭한다. 당시 바니야스 부족 연합을 이룬 가문 중에 알 팔라히(Al Falahi)와 알 팔라시(Al Falasi)가 있었는데, 현재 아부다비의 통치자인 알 나흐얀(Al - Nahyan) 가문은 알 팔라히의 한 갈래이며, 두바이의 통치자인 알 막툼(Al Maktoum) 가문은 알 팔라시의 한 갈래라고 한다. 참고로, 아랍에서 사용되는 이름에 '빈(bin)'이라는 단어가 있는데, 이는 누구의 아들(son of~)이라는 뜻이다. 딸인 경우에는 '빈트(bint)'를 사용한다. 그리고 '바니(bani)'는 '빈'의 복수형으로 누구의 아들들이라는 뜻이다.

에미리트의 수도를 리와에서 현재의 아부다비 섬으로 이전하기로 결정하여 이주가 시작되었다고 한다.

사막에 흩어져 자유롭게 생업에 종사하던 베두인들이 각 부족의 통치자(Ruler라고 호칭)를 중심으로 나라들을 형성하자, 이들 간에 세력 다툼과 이합집산이 시작되었다. 가장 큰 세력은 아부다비와 샤르자였다. 이들은 이웃 강대 세력인 오만과 아라비아의 여러 부족과 합종연횡하면서 오랜 기간 세력 확장을 위해 투쟁했다. 여기에는 이들 부족국가들과 각기 다른 보호 약정을 체결한 영국이 의도적으로 부족 간 분열과 갈등을 부채질한 측면도 크다고 한다. 1800년대 후반에 들어서면서 가장 큰 지역을 차지한 아부다비가 약 50년에 걸친 '위대한 자이드(Zayed the Great)'의 통치하에 점차 주변 부족국가들보다 우위를 보이기 시작하였고, 샤르자는 쇠퇴한 반면 두바이가 샤르자를 대신하여 북부 지역 강자로 부상하였다.

주로 진주를 채취해 생계를 이어오던 아부다비와 두바이 사람들에게 1920년대에 큰 시련이 닥쳐왔다. 대추야자 농사를 제외하고는 아라비아 만에서 채취하는 천연 진주가 내다팔 수 있는 생산품의 전부이던 이들에게, 일본이 진주 양식에 성공한 데다 세계 대공황으로 국제 무역이 위축돼 거의 파멸적인 경제위기가 닥쳤던 것이다. '암흑기'라고도 불리는 이 시기에 경제는 완전히 주저앉고, 사람들은 굶주리고, 미래에 대한 희망은 사라져버렸다. 더욱이 이후 발발한 제2차 세계대전으로 이 지역은 세상 사람들의 관심에서 거의 사라져버릴 지경이었다. 그러나 아랍 사람들의 말처럼 "신은 위대하고 공평하시다." 이렇게 30년 가까이 지낸 끝에 기적과도 같은 일이 벌어졌다. 아부다비 지역에서 석유가 발견된 것이다. 1962년 석유 수출을 시작으로, 아랍에 미리트 사람들은 앞서 석유 개발에 나선 사우디아라비아나 쿠웨이트, 바레인처럼 잘살게 될 것이라는 희망에 부풀었다. 이 무렵 아부다비 제2의 도시인 알아인 시에는 캐나다 선교사에 의해 최초의 현대식 병원이 설립되었고, 지금도 '오아시스 병원'이라는 이름으로 남아 있다.

그러나 국민의 삶은 좀처럼 개선되지 않았다. 석유 수출로 돈이 많이 들어왔지만 당시 40여 년간 아부다비를 지배해오던 통치자 셰이크 샤크부트(Sheikh Shakhbut bin Sultan Al Nahyan)는 갑자기 생긴 재정 수입을 국민과 국가 발전을 위해 지출하는 데 대단히 보수적이었다고 한다. 오랜 논란 끝에 1966년 지배 계층 회의에서 평화로운 양위가 결정되었고, 당시 알아인 지역을 훌륭히 통치하던 동생 셰이크 자이드(Sheikh Zayed bin Sultan Al Nahyan)에게 아부다비의 왕권이 이양되었다. 새로운 통치자 자이드는 석유 수입과 부동산을 국민에게 공평하게 배분하는 정책을 시행하고, 국가 재정을 인프라 개발에 적극 투자하면서 국가 개발에 박차를 가하였다. 셰이크 자이드의 선정으로 이 시기부터 돈이 적극 유통되고, 랜드로버와 벤츠 등 유럽산 자동차가 수입되기 시작하였다. 이러한 수입권을 배타적으로 발 빠르게 확보해 부유해진 기업가 집안들이 탄생하였다. 아부다비의 통치자 자리를 이어받은 셰이크 자이드에 대한 국민들의 신망은 더 높아졌고, 이때부터 여러 개의 소규모 부족국가 형식에서 더 크고 강력한 독립국가로 발전시켜가려는 비전이 무르익기 시작하였다.

사막에서의
어려운 삶

사람이 생존하는 데 가장 필수적인 것은 먹을 것이고, 그중에서도 가장 중요한 것은 물이다. 아부다비에서 생활하는 동안 1.5리터짜리 페트병으로 하루에 물을 1~2병은 마셨던 듯하다. 아라비아 반도는 대부분 사막지대이기 때문에 마실 물을 구하는 것이 오래전부터 가장 중요했을 것이다. 요즘은 우리나라의 두산중공업과 같은 업체에서 건설한 담수화 설비로 마실 물 이외에 수영장이나 가로수에 필요한 물까지 충분히 공급하고 있지만, 1960년대 담수화 설비가 도입되기 이전에는 마실 물을 확보하는 것이 가장 어려운 일이었다고 한다.

2011년 12월 아랍에미리트에서는 〈블랙 골드(Black Gold)〉라는 영화가 개봉되었다. 같은 시기에 서울에서도 개봉되었는데, 1900년대 아라비아 반도의 어느 지역에서 석유가 발견되면서 일어난 부족 간의 모습을 그린 영화이다. 이 영화에서 인상적이었던 것은, 먼 길을 여행하느라 지친 남자가 바다를 만나자 바닷물 속에서 솟아오르는 물(담수)을 마시기 위해 바다로 뛰어드는 장면이었다.

사막에서는 물 이외에 먹을 것을 확보하는 것도 쉽지 않다. 아랍에미리트 사람들의 주된 식량은 오아시스 지역에서 자라는 야자나무의 열매인 대추야자(palm dates)와 낙타 젖, 그리고 해안지방의 어류 등이었는데, 그 양이 충분하지 않았다고 한다.

한편, 현재의 아랍에미리트 지역에서는 여름철에 진주 채취를 위해 사막 내륙의 오아시스 지역인 리와나 알아인으로부터 아부다비 섬까지 150여 킬로미터가 넘는 거리를 낙타로 이동하였다. 뜨거운 태양 아래에서 이동해야만 하는 고통은 상상할 수 없을 정도였을 것이다. 여름철 한낮의 온도는 보통

45도를 웃돌고, 사막의 모래 위에서는 60도까지 올라 눈으로 느껴지는 열
풍은 선글라스로도 막을 수가 없는데, 선글라스가 없었던 옛날에는 어떠했
을까. 오늘날의 사막 사파리 관광객들에게는 2~3분의 낙타 타기가 재미로
느껴지겠지만, 의외로 키가 큰 낙타의 등 위에서 상하 진동으로 인한 어지러
움과 울렁증이 심했을 것이고, 며칠에 걸친 장거리 이동은 더욱 힘든 고통이
었을 것이다.

어렵게 도착한 바닷가에서 몇 달 동안 잠수를 해야만 하는 진주 채취 작업
은 낙타로 이동하는 것보다 더 힘들었을 것이다. 숨을 참기 위해 코를 집게
같은 것으로 막고 자맥질하다가 실제로 많은 사람이 목숨을 잃었다고 한다.
이렇게 어렵사리 채취한 천연 진주를 인도상인들에게 헐값에 넘긴 뒤에는
또다시 가족이 있는 내륙 오아시스로 돌아가는, 목숨을 건 사막길 여정이
기다리고 있었다.

세계 어느 민족, 어느 국가건 어려운 삶을 이어온 것은 비슷하다. 그러나 사
막에서의 생존은 다른 어느 곳보다 특히 더 어려웠을 것이다. 생존해왔다는
그 자체가 엄숙한 마음을 들게 한다. 아랍에미리트는 오랫동안 어려운 삶을
이어온 가운데 건국된 나라이다.

2 /
연방국가 아랍에미리트의 탄생

매년 12월 1일과 2일 저녁, 아랍에미리트의 시내 주요 도로 곳곳에
서는 국기와 칼리파(Sheikh Khalifa bin Zayed Al Nahyan) 대통령, 모하
메드 왕세자, 알 막툼 총리 겸 두바이 통치자 등의 인물 스티커로 치
장한 수많은 차량이 질주하거나 경적을 울리며 운행한다. 차창 밖으로
다른 차량이나 도로에 눈꽃 같은 스프레이를 마구 뿌려대기도 하고,
종종 교통사고나 극심한 차량 정체가 일어나기도 한다. 이는 12월 2일
이 아랍에미리트가 연방국가로서 탄생한 건국기념일(National Day)이
기 때문이다. 건국기념일을 축하하고 그 기쁨을 표현하는 그들의 방식
이다.

아랍에미리트연합은 1971년 이전까지 각자의 영역을 가진 에미리
트(Emirate)* 들로 나뉘어 있었다. 즉, 아부다비, 두바이, 샤르자(Sharjah),

---

* 통치자 또는 수장(首長)이 지배하는 나라. 토후국(土侯國)으로 번역되기도 한다.

아지만(Ajman), 움알카이와인(Umm Al Quiwain), 후자이라(Fujairah), 라스알카이마(Ras Al Khaimah) 등 7개의 에미리트*는 각자 통치자를 가지고 있었다. 물론 연방국가로 바뀐 현재에도 각 에미리트는 따로 통치자를 가지고 있다. 이러한 에미리트들이 연합하여 단일 연방국가를 이룬 데는, 아랍에미리트 건국의 아버지로 존경받는 고(故) 자이드 대통령의 역할이 매우 컸다.

앞에서 설명한 바 있지만, 자이드 대통령은 1966년 큰 형인 샤크부트로부터 아부다비의 통치자 자리를 물려받았다. 이후 얼마 되지 않은 1968년 초에 영국은 아라비아 반도에서의 철수를 발표하였다. 영국이 아라비아 반도에서 철수한 이유는 1960년대 말에 이르러 군대 유지를 위한 경제적 부담 때문이었다. 그러나 이는 이 지역 에미리트들에게는 외부의 위협에 취약한 안보 위기 상황을 초래하였다. 영국이 과거 100여 년 동안 이 지역에서 안보 수호자로서의 역할을 해왔기 때문이다.** 이에 따라, 당시 아부다비의 통치자였던 셰이크 자이드는 각 에미리트가 연합하여 연방국 형태를 가지는 것이 이 지역에서 지속적인 평화와 안보를 유지하는 데 중요하다고 생각해, 각 에미리트의 통치자를 상대로 연방국을 만들기 위한 노력을 기울이기 시작하였다.

처음에는 현재의 카타르, 바레인도 연방 추진 논의에 참여하여 1968년도 초기 합의 문서에는 두 나라를 포함한 9개 토후국이 서명한 기

---

* 처음에는 6개 에미리트 연방으로 출발하였으나, 이듬해인 1972년 2월에 라스알카이마가 참여하여 모두 7개의 에미리트로 확대되었다.

** 영국은 1835년에 이 지역의 토후국들과 해안선 보호라는 명목 하에 해상조약을 체결하였으며, 이후 이 지역은 휴전 해안(Trucial Coast) 또는 휴전 국가(Trucial States)로 불려왔다. 그 뒤 1892년 이 지역에 대한 프랑스·러시아·독일 등의 세력 확장 방지를 위해 각 에미리트들이 영국과만 외교 관계를 유지하고 영국은 외국의 침략으로부터 에미리트들을 보호하는 내용으로 배타적 보호조약(Exclusive Treaty)을 체결하였다.

록이 남아 있다. 그러나 바레인과 카타르는 후속 합의 과정에서 의견이 달라 1971년 8월과 9월에 각각 독립국가임을 선언했고, 그해 12월 2일 아랍에미리트연합은 연방국가이자 독립국가로의 출범을 발표하였다.

7개의 에미리트로 구성된 아랍에미리트는 에미리트 간의 통합을 매우 중시한다. 아랍어로 '에티하드(Etihad)'는 통합을 의미하는데, 아랍에미리트에서는 에티하드라는 단어를 사용하는 국영기업들이 많다. 아랍에미리트의 국영 철도회사는 에티하드 철도공사(Etihad Railway)이고, 아부다비 시내에는 에티하드 타워(Etihad Tower)라는 랜드마크 빌딩이 있으며,《알 에티하드(Al Etihad)》라는 아랍어 신문도 있다. 2010년 12월 초 아부다비의 국영 항공사인 에티하드 항공(Etihad Airways)이 서울과 아부다비 간 직항로를 개설하고 취항하면서 다소 생소한 에티하드라는 이름이 우리에게도 알려지기 시작했다.

아랍에미리트가 연방국가로 건국된 지 41년째 되는 2012년 12월 2일을 앞두고, 1년 내내 비 한 방울 오지 않던 아부다비에 비가 내렸다. 11월 30일과 12월 1일 오전에 마치 건국기념일을 축하하듯이, 이례적으로 상당량의 비가 내렸다. 사막에 단비가 내려, 아부다비 사람들은 몇 년 만에 우산을 쓰고 즐거워하였다.

아랍에미리트의 권력 구조

3년간의 어려운 협상 과정을 거쳐 1971년 12월 2일 아랍에미리트연합이 새로운 독립국가로 탄생하였다. 총 7개의 에미리트 통치자들이 연방최고평의회(Supreme Council) 위원이 되고, 여기서 5년 임기의 대통령과 부통령, 총리를 선출하고 있다. 그러나 관례적으로 에미리트 중에서 가장 크고 재정이 풍부한 아부다비의 통치자가 연방의 대통령이 되고, 두 번째로 큰 두바이의 통치자가 부통령 겸 총리가 되어 40년 동안 평화롭게 연합국가를 운영해오고 있다.

한 가지 흥미로운 것은 연방 창설 당시 두바이의 통치자인 셰이크 라시드 알 막툼(Sheikh Rashid Al Maktoum)에게는 부통령을, 두바이의 왕세자인 셰이크 막툼 빈 라시드 알 막툼(Sheikh Maktoum bin Rashid Al Maktoum)에게는 총리를, 그 동생인 셰이크 모하메드 빈 라시드 알 막툼(Sheikh Mohamed bin Rashid Al Maktoum)에게는 국방장관직이 주어졌는데, 이후 두바이의 통치자들이 순차적으로 서거해 그 직위를 모두 현재 두바이 통치자인 모하메드가 승계하였다는 것이다. 이에 따라 현 모하메드 통치자의 연방 내 공식 직함은 부통령이자 총리이며 국방장관이다.

아랍에미리트연합은 연방국가로 출범하였지만 미국처럼 강한 연방 조직은 아니다. 오랜 기간 토후국의 전통을 유지해온 이들은 보다 강한 국가로 존립하기 위해 연방국가 형태를 선택하긴 했지만 각각 독립성을 상당 부분 유지하기를 원했다. 각 에미리트의 수장들은 모두 통치자의 지위를 가지고 있는 만큼 상당한 자율권을 가지고 있으며, 특히 경제개발과 치안, 보건에 관한 권리를 모두 별개로 행사하고 있다. 외교와 국방에 관한 권한은 연방정부의 권한으로 통일되어 있고, 통일된 법규 또는 정책의 수립이나 국가 간

대외협력, 연방 전체의 균형개발 등의 문제는 연방정부에서 관장하는 체제로 되어 있어 다소 느슨한 연방 체제라고 할 수 있다.

각 에미리트는 별도의 내각과 예산을 운영하고 있다. 각 에미리트 정부의 부처(部)는 연방의 각 부처와 구별하기 위해 Department라고 부르며, 장관격인 에미리트의 장관은 연방정부의 장관과 구별하기 위해 Chairman이라는 호칭을 사용한다. 연방평의회(Federal National Council)와 연방의 내각은 각 에미리트 간 안배를 염두에 두고 구성된다. 예컨대 연방 내각은 아부다비와 두바이 각 6명, 샤르자 3명, 후자이라와 라스알카이마 각 2명, 아지만과 움알카이와인 각 1명 등과 같이 에미리트별로 각료를 배분하고 있다.

이 체제는 지난 40여 년간 7개 에미리트 간 상호 존중과 협력을 통해 훌륭하게 작동해오고 있다. 아부다비와 두바이가 연방 예산 세입의 대부분을 기여하고 있으며, 세출은 연방 조직의 운영과 연방 차원의 고등교육과 복지 프로그램, 상대적으로 재정 자립도가 떨어지는 북부 5개 에미리트의 인프라 건설, 복지, 에너지 등을 지원하는 데 주로 사용되고 있다.

한편, 우리나라의 국회에 해당하는 연방평의회는 임기 4년에 40명의 위원으로 구성되어 있다. 에미리트별 인구 구성 비율에 따라 아부다비와 두바이 각 8명, 샤르자와 라스알카이마 각 6명, 움알카이와인과 후자이라, 아지만 각 4명으로 구성된다. 절반인 20명은 각 에미리트 통치자가 임명하고 나머지 20명은 선거인단에 의한 간접선거를 통해 선출된다. 우리나라 국회와 달리 아직 입법 기능은 없고 내각에서 제출한 법안에 대한 심의권만 있다. 2013년에 우리나라 국회와 한-UAE 의원친선협회가 구성되었다.

3 / 외국인이 더 많은 나라

아랍에미리트의 인구는 대략 500만 명에서 800만 명이다. 국제통화기금(IMF)이나 세계은행(World Bank) 등 기관별로 아랍에미리트의 인구 통계에 다소 차이가 있는데, 이는 많은 외국인 근로자의 유입에 따른 급격한 인구 증가와 외국 인력의 유출입 등 인구 유동성이 크기 때문이다.

중동 국가 중에서도 개방된 아랍에미리트에는 전 세계 200여 개 국가의 사람들이 들어와 활동하고 있다. 특히, 지리적으로 인접해 있으면서 이슬람 종교를 믿는 인도나 파키스탄 사람들이 많다. 인도 200여만 명, 파키스탄 170여만 명, 이란 40여만 명, 필리핀 20여만 명, 중국 20여만 명, 영국 12만여 명 등으로 추정되고 있다. 우리나라 교민은 원자력발전소 등 건설 플랜트 공사로 인해 지속적으로 늘어나 2012년 말 현재 약 1만 명에 이르고 있다.

아랍에미리트에서는 자국인을 에미라티라고 부르는데, 자국인 규모
는 100만 명 정도이다. 아랍에미리트 연방통계청(NBS)에서 발표한 바
에 따르면, 2010년도 기준으로 전체 인구 826만 명 중 자국인은 95만
명으로 11.5%, 외국인은 731만 명으로 88.5%를 차지한다.

UAE 인구통계: 총인구 및 자국인 비율 (단위: 만 명)

	2006년	2007년	2008년	2009년	2010년
총인구	501	622	807	820	826
자국인	85	88	90	93	95
자국인 비율(%)	17.0	14.1	11.2	11.4	11.5

자료: United Arab Emirates National Bureau of Statistics (2011. 3).

아랍에미리트에는 자국인이 많지 않기 때문에 기업이나 정부기관
에서 외국인을 많이 고용한다. 예를 들어, 세계 최대 규모의 국부 펀드
(Sovereign Wealth Fund) 중 하나인 아부다비 투자청(ADIA: Abu Dhabi
Investment Authority)에는 세계 40여 개 국가에서 온 1,400여 명의 인
력이 근무하고 있는데, 그중 아랍에미리트 자국인은 33%이다.[*] 또한
외국인을 관리자나 CEO로 활용하는 경우도 많은데, 아부다비 공항공
사(Abu Dhabi Airport Authority)의 사장은 미국인, 아랍에미리트 최대
은행 중 하나인 아부다비 국립상업은행(NBAD: National Bank of Abu
Dhabi) 행장은 10년 이상 영국인이 담당했으며, 우리나라에 진출할 예
정인 퍼스트 걸프 은행(FGB: First Gulf Bank) 행장도 미국 시티은행에
서 근무한 경력이 있는 외국인이다. 아랍에미리트에서는 자국인이 적
어 외국인에게 많은 일자리 기회가 주어진다.

[*] ADIA (2013. 5. 27), 2012 Review.

한편, 아랍에미리트에 외국인이 오래 체류하려면 반드시 고용관계가 있어야만 한다. 고용관계가 있어야 비자가 발급되고, 고용관계가 없는 경우에는 비자가 소멸되어 체류하기가 어렵다. 임금 수준은 산업별·직종별로 큰 차이가 있으나, 서유럽 국가에서 온 근로자들은 관리직과 전문직종에 종사하여 주로 서비스업이나 중간 관리층 이하에서 근무하는 아시아계 근로자들보다 높은 임금을 받는 것으로 알려져 있다.

최근 우리나라의 전문인력도 많이 진출해 있다. 예를 들어, 에티하드 항공과 에미리츠 항공(Emirates Airline)에 근무하는 우리나라 조종사와 승무원 등은 500명이 넘으며, 아랍에미리트 정부가 원자력발전소 추진을 위해 설립한 에미리츠 원자력공사(ENEC: Emirates Nuclear Energy Corporation)에도 한국전력 등에서 근무한 경력이 있는 분들이 많이 근무하고 있다. 아랍에미리트 자체가 세계적인 건설 및 투자 현장이다 보니 건설회사나 설계회사, 철도회사, 에너지회사, 투자회사 등에 채용되어 근무하고 있는 한국인들도 종종 만날 수 있다. 앞으로 금융·교육·의료·항공기술·정보통신(IT) 등 부가가치가 높은 전문 관리직에 우리나라의 고급인력이 더 많이 진출할 수 있기를 기대한다.

4 / 에미라티제이션 정책

아랍에미리트는 '에미라티'라고 불리는 자국 국민의 고용을 확대하는 에미라티제이션(emiratization) 정책을 실시하고 있다. 이웃 나라인 사우디아라비아에서 '사우디제이션(saudization)' 정책을 추구하는 것과 마찬가지이다. 그런데 아랍에미리트의 고용정책을 제대로 이해하기 위해서는 그 인구 및 고용 구조를 살펴볼 필요가 있다.

아랍에미리트는 전체 인구 800여만 명 중 자국인은 100만 명 정도이고, 약 700만 명에 이르는 절대다수는 외국에서 유입된 인력으로 구성되어 있으며, 대부분의 기업들과 근로업종, 서비스 산업 등의 경제활동을 외국 인력에 의존하는 구조이다. 2012년 자국민의 고용인원은 총 22만 5,000여 명이며, 이 중에서 20여만 명이 정부기관이나 공공부문에서 일하고 2만 명 정도가 민간 부문에서 일하고 있다. 그리고 민간 부문에 고용된 2만 명 중 1만 6,000명 정도는 자국인 고용 쿼터 비율이 정해져 있는 은행 부문에 종사하고 있다. 이는 아랍에미리트 자국인들이 대부분 공공 부문에 고용되어 있고, 민간 부문에 고용되어 있는 규모가 아주 작다는 것을 의미한다. 민간 부문에는 약 400만 개의 일자리가 있는데, 그중 자국인은 0.5%에 불과하다. 따라서 에미라티제이션 정책은 자국인들이 공공 부문보다는 민간 부문에서 더 많은 일자리를 찾도록 하는 데 중점을 두고 있는 것으로 보인다.

자국인들이 정부기관이나 공공 부문에서 일하려는 주된 이유는 임금 수준이나 근무 시간 등이 민간 부문보다 훨씬 낫기 때문이다. 인근 카타르나 쿠웨이트, 바레인 등 대부분의 걸프 지역 산유국들도 마찬가지다. 경제를 다변화하고 발전시키기 위해서는 민간 부문의 기업들이 활성화되고 고급인력들이 민간기업으로 몰려야 하는데, 공공 부문의 임금 수준이 상당히 높고 자국인의 수가 절대적으로 적어 민간 부문보다는 공공 부문에서 일하려는 현상이 나타나는 것이다.

아랍에미리트 정부는 2013년을 '에미라티제이션의 해'로 정하고, 자국인에게 매년 수천 개의 일자리를 제공하기 위한 '아브셔 프로그램(Absher program)'을 도입해 5년 이내에 민간 부문에서 약 2만 개의 새로운 일자리를 만들어 자국인을 고용한다는 목표를 세웠다.

이에 따라, 2013년 한 해 동안 아랍에미리트에서는 각 기관들의 자국인 고용 계획과 실적 등이 언론에 자주 보도되었다. 아랍에미리트 최대 통신사 중 하나인 두(Du)는 60여 명, 알루미늄 제조업체인 에미리츠 알루미늄(Emirates Aluminium)사는 2013년에 300여 명을 자국인으로 고용하겠다는 목표를 발표했다.[*] 아랍에미리트에서 학생 수가 가장 많은

---

[*] Tom Arnold (2013. 3. 20), Ministry of Finance raises Emirati hiring target, *The National*.

고등기술대학(HCT: Higher Colleges of Technology)은 전국 10여 개 이상의 캠퍼스 중 5군데의 학장을 자국인으로 임명했다고 발표하였다.[*]

정부 부처의 자국인 고용 계획과 현황도 종종 보도된다. 연방정부의 예산편성과 재정수입을 담당하는 연방 재정부에는 현재 300여 명이 근무하는데, 63% 수준인 자국인을 향후 5년 이내에 90% 이상으로 높이겠다는 목표를 설정하였다.[**] 이를 위해 재정부는 재정이나 회계 분야를 전공하는 자국 대학생 수십 명을 매년 선발하여 졸업 후 재정부에서 일할 수 있도록 학자금 등을 지원해주고 있다. 국영기업들의 경우에도 대학생들에게 학비를 지원하고 졸업 후 일정 기간 동안 의무적으로 근무하게 하는 제도를 시행하고 있다.

아랍에미리트의 에미라티제이션 정책은 등록금 부담이 크고 대학 졸업 후에는 좋은 일자리를 얻기 위해 치열하게 경쟁해야 하는 우리나라 대학생들 입장에서 보면 부러운 정책이다. 그러나 에미라티제이션 정책은 자국인이 적고 산유국이라는 특별한 배경 때문에 추진되고 있는 것이다.

[*] Ola Salem (2013. 6. 27), Emiratisation drive: HCT appoints five Emirati directors, *The National*.

[**] Tom Arnold (2013. 3. 20), Ministry of Finance raises Emirati hiring target, *The National*.

5 /
국부의 원천, 에너지

아랍에미리트, 특히 아부다비 국부의 주요 원천은 다른 걸프 국가들과 마찬가지로 원유와 가스로 대표되는 에너지 자원이다. 비에너지 수입원의 확대를 위해 노력하고 있으나 아직도 정부 재정수입의 대부분은 유가 등 에너지 가격과 생산량의 증감에 민감하게 연동되어 있으며, 인프라 투자와 산업 개발, 해외 투자 등 경제의 전반적인 활력이 에너지 부문에서의 성과와 직접 연결되어 있다.

중동은 에너지의 보고(寶庫)이다. 석유는 2012년 말 현재 전 세계 상위 10대 산유국(매장량 기준) 중 베네수엘라, 캐나다, 러시아, 나이지리아를 제외한 6개 국가가 모두 중동 지역에 있다. 천연가스도 전 세계 매장량 1위는 이란, 3위는 카타르, 6위와 7위는 각각 사우디아라비아와 아랍에미리트로 5개 국가가 중동에 있고, 전체 매장량의 40% 이상이 중동 지역에 분포되어 있다.*

석유 및 가스 매장량 세계 순위

순위	국가	석유 매장량 (억 배럴)	점유율 (%)	국가	가스 매장량 (조 ㎥)	점유율 (%)
1	베네수엘라	2,976	17.8	이란	33.6	18.0
2	사우디 아라비아	2,659	15.9	러시아	32.9	17.6
3	캐나다	1,739	10.4	카타르	25.1	13.4
4	이란	1,570	9.4	투르크메니스탄	17.5	9.3
5	이라크	1,500	9.0	미국	8.5	4.5
6	쿠웨이트	1,015	6.1	사우디아라비아	8.2	4.4
7	아랍에미리트	978	5.9	아랍에미리트	6.1	3.3
8	러시아	872	5.2	베네수엘라	5.6	3.0
9	리비아	480	2.9	나이지리아	5.2	2.8
10	나이지리아	372	2.2	알제리	4.5	2.4
	전 세계	16,689	100.0	전 세계	187.3	100.0

자료: BP (June 2013), BP Statistical Review of World Energy, p. 6, p. 20.

아랍에미리트는 세계 7위의 석유 및 가스 매장량을 자랑한다. 1962년에 시작된 석유 수출은 현재 연간 약 10억 배럴에 이르며, 국제 유가에 따라 다소 변동은 있으나 매년 원유 판매대금으로 약 1,000억 달러를 벌어들이고 있다. 석유는 육지와 해상의 광구에서 절반씩 나누어서 생산하고 있다. 아라비아 만은 수심이 낮아 심해유전에 비해 생산비용이 저렴한 편이며, 요즘에는 생산비용을 절감하기 위해 아예 인공 섬을 만들고 그 위에 육상 광구처럼 생산시설을 짓는 방법을 시도하고 있다. 아랍에미리트의 석유 생산능력은 일산 280만 배럴 수준으

---

* 중동 지역은 세계 최대의 석유와 천연가스 매장 지역으로 석유는 전 세계 매장량의 48.4%, 천연가스는 43.0%가 분포되어 있다.

로, 우리나라의 일평균 원유 수입량과 비슷하며 생산량 기준으로는 2012년 현재 세계 7위에 해당한다.[*] 우리나라와 일본, 대만 등 아시아 지역이 주요 수출국이며, 2011년 기준으로 아시아 지역에 약 95% 집중되어 있다.

그간 한국기업들은 원유 채굴 및 처리와 관련된 시설 플랜트 공사를 많이 수주하였고, 지금도 경쟁력이 높은 편이어서 대형 건설기업을 중심으로 수주 활동에 적극적으로 임하고 있다. 지난 2009년 말 원자력발전소 수주 이후에는 높아진 양국 관계를 바탕으로 원유 채굴에도 관심을 두고, 2011년 3월에 3개 개발 광구에 대한 채굴권(Concession)을 우리나라가 획득하였다. 아랍에미리트의 관례에 따라 자국의 석유 공기업인 아부다비 석유공사(ADNOC: Abu Dhabi National Oil Company)가 60%, 우리나라의 석유공사(32%)와 GS에너지(8%)가 40%의 지분을 가지고 공동 수주한 3개 광구에 대한 채굴권은 큰 의미를 가진다. 이는 아랍에미리트 정부가 지난 40년간 동결해오던 채굴권을 처음으로 해외 기업에 제공한 것이며, 그간 BP나 토털(Total) 등 서구의 대형 회사들이 독점해온 중동 지역의 채굴권 시장에 마이너 중 마이너인 우리나라 기업이 처음으로 발을 들여놓았다는 데 의미가 있다고 할 수 있다. 또한 규모가 크지는 않지만 이미 탐사 과정을 거쳐 모두 매장량이 확인된 광구들이라 탐사 리스크 없이 중동에서 직접 유전을 개발할 수 있는 좋은 기회라고 평가할 수 있다. 현재 합작회사를 설립하고 첫 번째 광구의 평가공을 뚫는 등 초기단계지만, 우리가 획득한 채굴권의 광구가 워낙 넓은 지역이기 때문에 앞으로 더 많은 양

---

[*] BP (June 2013), BP Statistical Review of World Energy, p. 8.

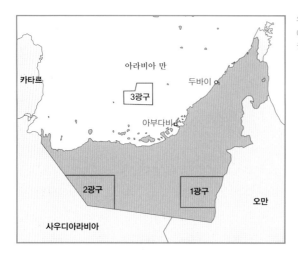

우리나라가 획득한, 아랍
에미리트의 3개 광구 채굴
권(한국석유공사 자료).

의 석유 생산이 가능하다는 희망을 주고 있다.

또한 우리 정부는 2011년 2월에 10억 배럴 이상의 대형 광구에 대한 지분 참여 기회도 제공한다는 MOU를 아부다비 정부와 체결해, 2014년 아랍에미리트에서 채굴권 만기가 돌아오는 대형 유전에 대한 우리나라의 참여 전망도 대단히 높다고 보인다.

아랍에미리트의 가스 매장량은 세계 7위이며, 석유와 마찬가지로 아부다비 지역이 전체 매장량의 90% 이상을 차지한다. 한 가지 흥미로운 것은 아랍에미리트가 현재 가스를 수입하는 가스 순수입 국가라는 사실이다. 아랍에미리트의 가스생산량은 매장량 순위에 비해 낮은 세계 16위로, 아라비아 만의 해저에 깔린 가스 파이프를 통해 세계 3위의 가스 강대국인 카타르에서 필요한 가스의 대부분을 수입하고 있다. 아랍에미리트에서 전력과 담수를 생산하는 대부분의 발전소가 가스를 연료로 사용하는 것이 가스 수입의 주 이유이며, 또 한편으로는 아랍에미리트에서 나오는 가스들은 유독가스인 황을 많이 함유하고 있어 활용에 제약이 많기 때문이다. 최근에는 경제성 있는 탈황 기술이 개발되고 분리된 황을 별도의 자원으로 수출할 수 있는 길이 생겨, 앞으로 가스 개발이 본격화되면 상황이 달라질 것으로 보인다. 2013년 말 현재 아부다비 지역에 아랍에미리트 최초의 철도 건설공사가 진행되고 있는데, 내륙 사막의 한가운데에 있는 샤(Shah)의 가스전에서부터 가스 처리시설이 있는 합샨(Habshan) 지역을 거쳐 해안가 수출항만인 루와이스(Ruwais)까지 연결하는 화물 수송용 철도가 2014년에 완공되면 가스 개발이 더욱 본격화될 것이다.

석유가스 자원이 가장 중요한 자원이다 보니 아랍에미리트에서 가장 중요한 기관도 아부다비 석유공사(ADNOC)이다. 자회사가 무려 15개나 되는데, 석유와 가스로 크게 나누고, 주요 광구마다 세계 메이저급 회사들이 참여하는 별도의 합작회사를 세우고, 다시 원유 채굴을 담당하는 상류(upstream) 기업과 원유 정제와 기초 석유화학 제품 등을 담당하는 하류(downstream) 기업으로 나누고, 또 석유 제품의 보급과 관련된 회사를 별도로 세우다 보니 자회사가 많아진 것이다.*

산유국인 GCC 국가의 일반적인 현상이지만, ADNOC은 아랍에미리트 최대 공기업으로 지난 40여 년간 정부와 공기업의 주요 인사들에 대한 인재 양성소로서의 기능을 수행해, 지금도 ADNOC 임직원 출신들을 정부 조직 곳곳에서 발견할 수 있다. 또한 우리나라가 지난 40년간 아랍에미리트의 원유를 지속적으로 수입해오고 있어 GS칼텍스 등 우리나라 석유 관련 기업과 오랜 친분관계를 맺고 있는 ADNOC 임원들도 가끔 만날 수 있다.

---

* 아부다비 석유공사의 자회사는 이 책 3부의 '3. 아부다비의 국영기업들'을 참조.

석유가 국부의 기본이다 보니, ADNOC 위에 석유가스 자원에 관한 최고 의사결정 기관으로 석유최고위원회(SPC: Supreme Petroleum Council)를 두고, 이 석유최고위원회 수장은 아부다비의 통치자이자 아랍에미리트의 대통령인 셰이크 칼리파 대통령이 직접 관장하고 있다. 한때는 ADNOC 사장이 SPC 사무국장을 겸임하기도 했으나, 현재는 정책과 집행을 분리해 별도로 임명하고 있다.

한 가지 유념해둘 것은 연방정부 내각에 에너지부(Ministry of Energy)가 별도로 있는데, 연방 에너지부는 주로 국제 에너지 관계와 국내 낙후 에미리트에 대한 연방 차원의 에너지 보급 문제를 다루고, 석유 문제에 관한 대부분의 권한은 아랍에미리트 석유 생산량의 90% 이상을 차지하는 아부다비 정부에 있다는 것이다. 우리나라도 산업통상자원부는 주로 아부다비의 석유최고위원회(SPC)를, 한국석유공사는 아부다비 석유공사를 대화와 협력 상대로 하여 긴밀히 협의하는 분업체제로 운영하고 있다.

아랍에미리트에서 에너지와 관련해 한 가지 특이한 것은, 전통적 에너지원인 석유가스에 대한 의존도가 대단히 높은데도 불구하고, 대체에너지 분야에 대한 관심과 투자가 높다는 점이다. 태양광, 태양열 등 재생에너지 문제를 다루는 신생 국제기구인 국제재생에너지기구(IRENA: International Renewable Energy Agency)의 본부를 아부다비로 유치하였고, 풍력발전 등 해외 재생 에너지 사업에 대한 투자를 확대하는가 하면, 아랍 국가 최초로 원전 건설도 추진하는 등 장기적인 시각으로 에너지원의 다양화에 많은 노력을 기울이고 있다.

6 / 부(富)를 소중하게 쌓아가는 나라

통계수치를 접하다 보면, 서로 비교하기 위한 통계수치는 단순할수록 좋다는 생각이 든다. 우리나라의 연간 원유(crude oil) 도입량, 즉 1년 동안 산유국으로부터 들여오는 원유의 양을 보면, 2009년 8억 4,000만 배럴, 2010년 8억 7,000만 배럴, 2011년 9억 3,000만 배럴이었다. 단순 수치로 대략 10억 배럴이라 할 수 있는데, 이렇게 원유 도입량을 단순화하면 우리나라의 연간 원유 도입액도 간단하게 계산된다. 평균 유가가 배럴당 100달러라고 하면, 우리나라의 연간 원유 도입액은 대략 1,000억 달러다. 리비아 내전과 이란 제재 등의 영향으로 고유가 상황이 지속된 지난 2011년 우리나라의 원유 도입액은 실제 1,001억 달러였다.*

우리나라의 연간 원유 도입량 이야기를 꺼낸 것은 아랍에미리트의

---

* 지식경제부 (2012. 2. 3), "원유 제품의 54%를 석유 제품으로 수출".

연간 원유 생산량과 비슷하기 때문이다. 아랍에미리트의 원유 생산량은 하루에 280만 배럴 수준이므로 연간 약 10억 배럴을 생산하는 셈이다. 아랍에미리트의 원유 수출액은 연간 1,000억 달러 내외로 GDP의 30% 수준이다.

아랍에미리트는 이러한 원유 수출로 얻은 수익의 상당 부분을 국부 펀드에 넣어 운용하고 있으며, 미래를 대비하여 소중하게 부를 축적해 나가고 있다. 중동 지역의 거의 모든 국부 펀드와 마찬가지로, 석유나 오일 머니를 주 수입원으로 하여 석유 자원이 고갈될 경우에 대비해 국부 펀드를 운영하는 것이다. 참고로 2013년 말 현재 전 세계 국부 펀드 규모는 대략 6조 달러 이상이며, 그중에서 중동 지역의 국부 펀드가 35% 정도를 차지한다.*

아랍에미리트에는 7개의 국부 펀드가 있다. 세계에서 자산 규모로 가장 큰 국부 펀드 중 하나인 아부다비 투자청(ADIA), 아부다비 투자청에서 분리되어 보다 적극적이고 공격적인 투자를 수행하는 아부다비 투자위원회(ADIC: Abu Dhabi Investment Council), 에너지 부문에 주로 투자하는 국제석유투자공사(IPIC: International Petroleum Investment Company), 에미리츠 항공 등 두바이 국영기업들에 주로 투자하는 두바이 투자공사(ICD: Investment Corporation of Dubai), 프로젝트 개발과 투자 활동을 동시에 수행하는 무바달라(Mubadala), 아랍에미리트 연방정부 소유의 에미리츠 투자청(EIA: Emirates Investment Authority), 아랍에미리트의 토후국 중 하나인 라스알카이마가 소유한 투자청(RAK Investment Authority) 등이다.

---

* Sovereign Wealth Fund Institute(http://www.swfinstitute.org/fund - rankings/).

아랍에미리트의 국부 펀드(2013년 12월 현재)

국부 펀드	성격	자산 규모(억 달러)
ADIA	북미 · 유럽 · 신흥국 등 전 세계에 투자	6,270
ADIC	중동 지역 및 글로벌 투자	N.A
IPIC	에너지 부문 투자	653
ICD	두바이 국영기업에 주로 투자	700
Mubadala	첨단 기술 · 미래 기술, 프로젝트 투자	555
EIA	연방정부 국부 펀드, 주로 인프라 등 투자	100
RAKIA	라스알카이마의 국부 펀드	12

자료: Sovereign Wealth Fund Institute.

ADIA는 1976년에 설립되었으며, 전 세계의 주식과 채권, 부동산 및 인프라, 원자재 · 선물 등에 대한 투자 활동을 수행하고 있다. 아부다비 정부가 소유하고 있으나, 독립적으로 투자 활동을 하고 있다. ADIA 자산의 내부분은 외부의 펀드 매니저에게 위탁 투자하고 있으며, 보수적인 지수연동 전략(index-replicating strategies)에 따라 투자한다. ADIA는 장기적인 관점에서 금융수익 확보를 위한 재무적 투자자의 지위에서 자산을 투자하고 있으므로, 투자 대상 기업에 대한 적극적인 경영관리나 경영참여는 추구하지 않는다. 2013년 5월에 발표된 ADIA의 《2012년도 연례 보고서》에 따르면, 지난 20년간 및 30년간 ADIA의 연평균 투자 수익률은 각각 7.6%와 8.2%였다. ADIA는 우리나라의 대표 기업들에도 이미 투자하고 있으며, 전 세계 많은 투자 유치 기관과 어려움을 겪는 세계적인 기업들도 찾아와 투자를 요청하고 있으니, 갑 중의 갑인 셈이다. 현재 ADIA에는 40개 국적의 1,400여 명이 근무하고 있으며, ADIA 사무실 건물은 우리나라 건설업체인 삼성물산에서 건설하였다.

ADIA가 보수적으로 투자 활동을 하는 반면, ADIC는 고수익을 목적으로 보다 적극적인 투자 활동을 수행한다. ADIC는 2007년 ADIA에서 분리되었는데, 양 국부 펀드의 이사장은 대통령이 직접 맡고 있으며 양 국부 펀드 이사회의 이사 대부분은 서로 겹친다. 예컨대, ADIA의 청장인 셰이크 하메드(Sheikh Hamed bin Zayed Al Nahyan)는 ADIC 이사회의 이사이기도 하다. ADIA와 ADIC는 다음과 같이 비교될 수 있다.

아부다비 투자청(ADIA)과 아부다비 투자위원회(ADIC) 비교

	ADIA	ADIC
투자 지역	글로벌	MENA 지역 및 글로벌
투자 대상	주로 주식 · 채권	주식 · 채권 포함, 프로젝트 투자, 인프라, 부동산 등
투자 전략	안정적 운용 (인덱스 위주)	적극적 운용 (높은 수익률 추구)
자산 운용 방식	주로 외부 위탁 (직접 투자도 수행)	주로 직접 투자 수행 (외부 펀드매니저도 활용)

ADIC는 아랍에미리트의 주요 은행에 대한 지분도 보유하고 있는데, 2012년 말 현재 아부다비 국립상업은행의 70.48%, 아부다비 상업은행(ADCB: Abu Dhabi Commercial Bank)의 58.08%, 유니언 내셔널 뱅크(UNB: Union National Bank)의 50.01% 등의 지분을 가지고 있다.*

국제석유투자공사(IPIC)는 1984년에 설립되어 주로 석유화학 등 에너지 부문에 투자하고 있으며, 외환위기 직후 우리나라의 현대 오일

---

* 아부다비 증권거래소(ADX) 홈페이지(http://www.adx.ae).

뱅크에도 투자한 적이 있다. 지난 2008년 글로벌 금융위기 때는 영국 바클레이스 은행의 전환사채를 매입했다가 되팔아 많은 이익을 남긴 것으로 알려져 있다.

두바이 투자공사(ICD)는 2006년에 설립된 두바이 정부 소유의 투자 포트폴리오 관리기관으로, 자산 규모로 아랍에미리트 최대 은행인 에미리츠 NBD(Emirates NBD) 은행의 최대 주주이기도 하며, 에미리츠 항공과 두바이 알루미늄(Dubai Aluminium), 두바이 세계무역센터 등 두바이의 알짜 기업들을 소유하고 있다.

무바달라(Mubadala Development Company)사는 개발 프로젝트 투자를 통한 아부다비의 경제발전과 경제다변화를 목적으로 2002년에 설립되었으며, 반도체, 신재생 에너지, 항공, 병원 등 산업 기반 형성과 관련된 전략적 투자를 주목적으로 하고 있다. 아부다비에 건설 중인 탄소 제로 도시인 마스다르 시(Masdar City), 세계적인 시스템 반도체 회사인 글로벌 파운드리스(Global Foundries), 아부다비의 클리블랜드 병원과 F1 경기장, 파리 소르본 대학교의 아부다비 분교, 에미리츠 알루미늄(Emal) 등 다양한 사업에 투자하고 있다. 아부다비에 설립된 우리들 척추 센터(Wooridul Spine Center)의 소유주도 무바달라다.

에미리츠 투자청(EIA)은 아랍에미리트 연방정부 소유의 국부 펀드로 금융·통신 등의 분야에 주로 투자하며, 라스알카이마 투자청(RAKIA)은 아랍에미리트의 토후국 중 하나인 라스알카이마 정부가 소유하는 투자기관으로, 규모는 크지 않은 것으로 추정된다.

아부다비 투자청이나 아부다비 투자위원회 관계자들을 만나면, 한결같이 재무적 투자자(financial investors)로서 수익률의 관점에서 투자 활동을 하고 있다고 강조한다. 우리나라의 국부 펀드인 한국투자공사(KIC)나 국민연금처럼 이들도 수익률에 매우 민감하다. 수익률을 중시하다 보니 이들 국부 펀드를 찾아가 우리나라에 대한 투자를 요청할 경우에도 그들의 답변은 거의 동일하다. 철저한 수익률 관점에서 투자가 이루어지기 때문에 프로젝트에 대한 구체적인 수익률 분석 자료를 가져오라는 것이다. 또한 투자에서는 양국 간의 전략적인 협력관계와 같은 요소를 전혀 고려하지 않는다고 공공연히 얘기한다. 따라서 이들 국부 펀드 관계자를 접촉할 때는 구체적인 투자 물건과 함께 철저히 계산된 투자 수익률 자료를 제시해야 투자 유치에 성공할 수 있다.

아랍에미리트의 원유 매장량은 1,000억 배럴 정도이다. 연간 10억 배럴의 원유를 생산하니 현재 추세를 유지한다면 앞으로 100년 정도는 생산이 가능할 것이다. 아랍에미리트의 국부 펀드는 석유가스 자원에서 생성되는 자금을 100년 후 포스트 오일 시대에 대비해 소중하게 쌓아 나가고 있는 것이다.

아부다비 투자청 (ADIA)

아부다비 투자청은 석유 수입을 기반으로 하여 1976년에 설립되었다. 정부가 소유하고 있으나, 투자 활동 등에서는 정부로부터 철저하게 독립되어 있으며 금융 투자자로서 투자가 이루어지는 기업에 대한 경영 관여는 하지 않는 것으로 알려져 있다.

아부다비 투자청은 미래 세대를 위한 재원 조성 목적으로 전 세계의 주식이나 채권, 부동산 · 인프라 등에 자산을 투자하고 있으며, 매년 연례보고서를 통해 장기 투자 수익률 등을 발표하고 있다. 2012년 말의 경우, 아부다비 투자청의 과거 20년간 및 30년간 연평균 투자 수익률은 각각 7.6%와 8.2%였다.

ADIA의 연평균 수익률 (단위: %)

	2009년 말	2010년 말	2011년 말	2012년 말
20년간	6.5	7.6	6.9	7.6
30년간	8.0	8.1	8.1	8.2

아부다비 투자청의 자산은 주로 북미나 유럽 지역에 있는 선진국들의 주식 및 채권 등에 투자되고 있으며, 신흥시장으로 분류되어 있는 우리나라를 포함한 신흥시장국들에도 많은 자금을 투자하고 있다. 대부분의 자산은 외부의 펀드 매니저가 위탁받아서 투자하고 있는데, 그 규모가 2012년의 경우 자산의 75% 정도라고 한다. 또한 보수적인 투자 방식인 지수연동 전략(index - replicating strategies)에 따라 투자하는 규모가 자산의 절반을 넘는데, 그 규모가 2012년의 경우 55%라고 한다. 대외적으로 밝혀진 ADIA의 자산 배분을 지역별로 보면 북미 지역 35~50%, 유럽 20~35%, 신흥시장 15~25%, 아시아 선진국 10~20%(호주 · 뉴질랜드 · 일본)이며, 자산별로는 선진국 주식 32~42%, 신흥시장 주식 10~20%, 정부 채권 10~20%, 대체 투자 5~10%, 부동산 5~10%, 사모펀드 2~8%, 인프라 1~5%, 소형주 1~5%, 현금 0~10% 등이다.

자료: ADIA (2013. 5. 27), 2012 Review.

7 / 비석유 부문을 키워라

아랍에미리트는 주요 원유 생산국*으로, 전체 경제에서 석유가 차지하는 비중이 높은 나라이다. 아랍에미리트의 GDP를 대폭 반올림하여 단순화화면, 2010년 기준으로 전체 GDP는 약 3,000억 달러이며 이 중 아부다비가 2,000억 달러, 두바이가 1,000억 달러이고, 아부다비의 GDP에서 석유 부문의 GDP는 1,000억 달러 수준이다. 이것은 편의를 위해 대폭 단순화한 수치로, 참고로 IMF는 2013년도 아랍에미리트의 GDP가 3,870억 달러에 이를 것으로 전망하고 있다.**

매년 발간되는 《아부다비 통계연보(Statistical Yearbook of Abu Dhabi)》에 의하면 2011년도 아부다비의 GDP는 약 2,196억 달러, 석

---

* 영국의 석유회사인 BP(British Petroleum) 자료(2013년 6월)에 따르면, 아랍에미리트는 2012년도에 세계 7위 원유 생산국이었다. BP (June 2013), BP Statistical Review of World Energy, p. 8.

** IMF (2013. 7), UAE 2013 Article IV Consultation, IMF Country Report No. 13/249.

유 부문 GDP는 약 1,285억 달러였다.* 그리고 아부다비의 GDP에서 석유 부문이 차지하는 비중은 2010년 49.7%, 2011년 58.5%로 나타났다. 2011년에 아부다비의 석유 부문 비중이 높아진 것은 유가 상승과 석유 생산량 증가에 따른 것으로 보인다.

아부다비의 GDP 규모와 석유 부문 비중

	2010년	2011년
GDP	1,690억 달러	2,196억 달러
석유 부문	839억 달러	1,285억 달러
석유 부문 비중	49.7%	58.5%

자료: Statistics Center-Abu Dhabi, Statistical Yearbook of Abu Dhabi 2012.

요컨대, 아부다비의 경우 GDP의 절반 이상을 석유 부문이 차지하고 있으며, 아랍에미리트의 전체 GDP에서 석유가 차지하는 비중은 30% 이상이다. 경제에서 석유가 차지하는 비중이 높아 아랍에미리드는 석유 부문을 제외한 비석유 부문의 경제를 육성하기 위해 많은 노력을 기울이고 있다. 아부다비 정부가 마련한 산업 다변화 계획인 '경제 비전 2030'은 석유 의존형 경제에서 벗어나기 위한 추진 전략인 것이다.

아랍에미리트에서는 석유 수출을 제외한 비석유 부문의 교역 규모가 매년 발표된다. 아랍에미리트 연방통계청의 2011년도 교역 통계를 보면, 수입과 비석유 부문 수출 및 재수출을 포함한 총교역액은 2,528억 달러였으며, 그중 수입은 1,642억 달러, 재수출은 575억 달러, 비

---

* 2012년도 《아부다비 통계연보》 (2012. 9) 수치에 대해 1$=3.67디르함(AED)을 적용한 환산치이다.

석유 부문 수출은 311억 달러로 비석유 부문에서 756억 달러의 무역 적자가 나타났다. 아직까지는 석유 부문의 흑자로 비석유 부문의 적자를 메우는 셈이다.

참고로 아랍에미리트의 비석유 부문 주요 교역 상대국은 인도 · 중국 · 이란 · 미국 등이며, 주요 교역 품목은 금, 다이아몬드 등 귀금속과 알루미늄, 차량류, 항공기류 등이다.

아랍에미리트 교역 규모(석유 수출 제외) (단위: 억 달러)

	2009년	2010년	2011년
교역 규모	1,799	2,055	2,528
수출	178	226	311
재수출	402	506	575
수입	1,219	1,323	1,642

‐ 주요 교역 대상국
  · 수출국: 인도, 스위스, 사우디아라비아, 이란, 싱가포르 등
  · 재수출국: 인도, 이란, 이라크, 벨기에, 홍콩 등
  · 수입국: 인도, 중국, 미국, 독일, 일본 등
‐ 주요 교역 품목
  · 수출품: 금, 선박류, 원유 이외 석유류, 알루미늄, 보석류 등
  · 재수출품: 다이아몬드, 장신구 · 보석류, 전기통신제품, 차량류 등
  · 수입품: 금, 다이아몬드, 차량류, 보석류 · 장신구, 항공기류 등
주: 1$=3.67디르함(AED)을 적용한 환산치이다.
자료: United Arab Emirates National Bureau of Statistics (2012. 7).

한편, 아랍에미리트 정부가 발표하는 비석유 부문의 교역 통계는 석유까지 포함해 발표하는 우리나라의 교역 통계와 다를 수밖에 없는데, 아랍에미리트 입장에서 우리나라는 무역적자를 보이는 주요 수입국으로 되어 있다. 예를 들어, 아랍에미리트의 정부 통계자료*에서 우리나라는 아랍에미리트의 비석유 부문의 주요 수입국으로, 2009년도

---

* Ministry of Foreign Trade, UAE Trade Statistics in Figures 2011.

8위(46억 달러), 2010년도 9위(33억 달러)로 나타났다. 반면, 우리나라의 통계는 원유 도입액을 포함하여 양국 간 교역 규모를 발표하므로, 아랍에미리트와는 만성적인 무역적자를 보인다. 참고로 우리나라가 발표하는 우리나라와 아랍에미리트 간 연도별 교역 규모는 다음과 같다.

한국 – 아랍에미리트 간 교역 규모 (단위: 억 달러)

	2006년	2007년	2008년	2009년	2010년	2011년	2012년
교 역 액	158	164	250	143	177	221	220
수출	29	37	57	50	55	73	69
수입	129	127	192	93	122	148	151
무역수지	−100	−90	−135	−43	−67	−75	−82

– 주요 수출품(2012년): 자동차, 철 구조물, 전자제품, 담배 등
– 주요 수입품(2012년): 원유(99억 달러), 나프타 · LPG(46억 달러), 알루미늄(3억 달러) 등
자료: 한국무역협회.

8 / 아랍에미리트 최초의 철도 건설과 GCC 철도

아랍에미리트는 7개 에미리트의 주요 도시를 연결하며, 화물과 여객 수송을 주된 목적으로 하는 철도 건설 사업을 추진하고 있다.* 이 프로젝트는 2018년까지 아부다비~두바이~알아인**~샤르자~라스알카이마~후자이라 등의 각 에미리트를 연결하며, 총연장 1,200여 킬로미터의 노선에 약 100억 달러가 투자될 것으로 예상된다.

아랍에미리트의 철도 건설 프로젝트는 총 3단계로 나누어 단계적으로 진행된다.

우선 1단계 사업은 아부다비 남부 내륙의 유전 지역인 샤(Shah)로

---

* 아랍에미리트 철도 건설 프로젝트의 주요 수치 및 노선 등은 아랍에미리트의 주요 신문기사 등을 참조하였다.
  - Muzaffar Rizvi (2013. 7. 2), On track: Etihad Rail plans to link key cities and industrial hubs by 2018, *Khaleej Times*.
  - *Gulf News*(2013. 2. 27), *The National*(2013. 2. 27) 등.
** 알아인은 오아시스가 있어 오래전부터 정착민들이 살아온 아부다비의 한 도시로, 오만과의 국경에 위치한다.

부터 중부 내륙의 합샨(Habshan)을 거쳐 아부다비 서쪽 지역의 정유 시설이 위치한 항구 도시 루와이스(Ruwais)까지 연장 264킬로미터의 철도를 건설하는 것으로, 2013년 말에 첫 시험 열차를 운행하여 2014년 중반 완공할 예정이다.

이탈리아의 건설업체가 수주한 1단계 철도 건설 사업은 가스 처리 시설이 있는 합샨에서부터 항만 시설이 있는 루와이스까지 주로 유황을 수송하게 된다.

2단계 사업은 여러 구간으로 나누어 진행되는데, 그중 하나는 아부다비 근처 산업단지인 무사파(Mussafa)와 국경 도시 알아인을 연결하며, 또 다른 구간으로 아부다비와 두바이의 자유무역항인 제벨 알리항(Jebel Ali Port)을 연결한다. 그리고 아부다비 서쪽의 루와이스에서부터 우리나라가 건설 중인 원자력발전소 근처를 지나 사우디아라비아와의 국경 지역에 위치한 가웨이파트(Ghaweifat)를 연결하는 구간도 있다. 이후 이 구간은 국경을 넘어 사우디아라비아의 철도와 연결되어 GCC 철도의 중요한 구간을 형성할 것이다.

2단계 철도 사업은 628킬로미터의 철도를 2017년까지 완공하는데, 우리나라의 주요 건설업체들도 공사 수주를 위한 입찰에 참여하고 있다. 아랍에미리트의 에티하드 철도공사는 2014년 초에 2단계 공사의 사업자를 선정해서 발표할 예정인데, 우리 업체가 선정되기를 기대한다.

마지막으로, 아랍에미리트의 3단계 철도 사업은 두바이에서부터 북부 에미리트 지역인 후자이라와 라스알카이마를 연결하는 279킬로미터 구간으로, 2018년 말까지 완공할 예정이다.

철도는 네트워크를 의미하므로 각 에미리트 간 교통 네트워크의 강

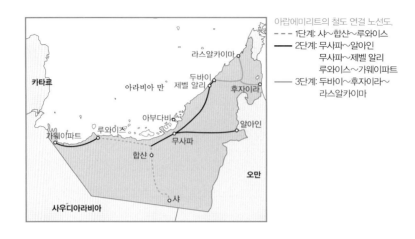

화는 아랍에미리트 내 지역 간 연결과 소통을 촉진할 것이다. 아부다비와 두바이에 비해 상대적으로 저개발 상태인 북부 에미리트[*] 지역이 철도로 아부다비 및 두바이와 연결됨으로써 많은 물자와 인원 수송이 가능해져 이들 지역의 개발이 촉진될 것이다. 그리고 상대적으로 낙후된 지역의 개발은 아랍에미리트가 중시하는 통합(아랍어로 Etihad)을 강화할 것이다. 그런 의미에서 철도사업을 주관하는 회사의 이름도 통합을 의미하는 에티하드 철도공사인 것으로 생각된다.

한편, 아랍에미리트의 철도는 장기적으로 GCC 6개국의 철도와 연결된다. GCC 국가들은 각각 자국 내에서의 철도 건설 프로젝트를 추진하고 있는데 2,000 킬로미터 이상의 구간에 총 1,000억 달러 이상이 투자될 것이라고 한다. GCC 국가를 연결하는 철도 네트워크의 완성은 GCC 국가 간 물자 수송과 교역 증가를 가져올 것이고, 더 나아가 GCC

---

[*] 아랍에미리트의 7개 에미리트 중 아부다비와 두바이를 제외한 에미리트를 의미하며, 지리적으로 아부다비와 두바이의 북쪽에 위치한다.

국가들이 추진 중인 경제적 통합도 뒷받침할 것이다.

이러한 GCC의 철도 네트워크는 사우디아라비아와 국경을 접하고 있는 요르단과 이라크를 거쳐 시리아와 터키로 연결되고, 궁극적으로는 유럽의 철도망과 연계할 수도 있다는 구상이다. 언젠가는 동쪽으로 중앙아시아와 중국을 거쳐 우리나라와도 연결될 수 있을 것이다. 1,000년 전 고려시대 때 우리나라 개성 근처 벽란도에서 아라비아 상인과 교역이 이루어졌다고 한다. 앞으로 머지않은 미래에 부산역에서 출발하여 북한, 중국, 파키스탄, 이란을 거쳐 아라비아 반도에 이르는 1만여 킬로미터의 철도가 개설될 날을 상상해보며, 또한 실현되기를 기대해본다.

9 /
아랍에미리트의 증권시장

GCC 6개국에는 7개의 주식시장이 있다. 아랍에미리트에 아부다비 증권거래소(ADX: Abu Dhabi Securities Exchange)와 두바이 증권거래소(DFM: Dubai Financial Market)의 2개 시장이 있기 때문이다. 7개의 주식시장 중에서 사우디아라비아의 주식시장(Tadawul)은 예전에는 토요일에 개장하고 목요일과 금요일에 폐장하였으나, 2013년 6월 29일부터 다른 GCC 국가들처럼 일요일에 개장하고 금요일과 토요일에 폐장하는 것으로 바뀌었다. 사우디아라비아가 국왕의 왕령을 통해 휴무일을 목요일과 금요일에서 금요일과 토요일로 변경했기 때문이다.

GCC 국가의 주식시장에는 상장기업 수가 많지 않다. 2013년 6월 현재, 아부다비와 두바이 증권거래소에 각각 60여 개, 사우디아라비아 주식시장에 160여 개, GCC 국가 중 상장기업이 가장 많은 쿠웨이트 증권거래소(KSE: Kuwait Stock Exchange)에 200여 개의 기업이

상장되어 있는데, 이는 GCC 지역에 제조업체가 많지 않기 때문일 것이다.

2013년 6월 초에 아랍에미리트의 주식시장은 2009년 경제위기 이후 가장 높은 수준으로 올랐다. 물론 2012년과 2013년 상반기까지 미국의 양적 완화정책으로 글로벌 주식시장 대부분이 상승했으나, 아랍에미리트에서는 그 상승폭이 상대적으로 높았다. 2013년 6월에 두바이는 연초 대비 50% 가까이 상승하여 세계에서 가장 높은 상승률을 보였고, 아부다비도 40% 가까이 올랐다.

2013년 여름 아랍에미리트 주식시장의 상승에는 MSCI(Morgan Stanley Capital International)의 시장 지위 변경 결정도 일정 부분 기여한 것으로 보인다. MSCI는 글로벌 주식시장을 크게 프런티어 시장(frontier market), 신흥시장(emerging market), 선진시장(developed market)으로 구분한다. 이러한 분류는 다른 투자자의 자금 투자에도 벤치마크가 되어 특정 주식시장의 자금 유출입에 영향을 준다. 따라서 매년 주식시장의 관심사항이 되는데, MSCI는 2013년 6월 11일 GCC 지역에서 카타르와 함께 아랍에미리트의 시장 지위를 2014년 5월부터 프런티어 시장에서 신흥시장으로 올린다고 결정하였다. 아랍에미리트의 주식시장은 지난 수년간 신흥시장 지위로 올라가기 위해 외국인의 소유 제한 완화와 주식거래 결제 시스템 개선 등의 노력을 기울여왔는데, 마침내 그 결실을 본 것이다. 아랍에미리트 주식시장의 시장 지위 상승으로 아랍에미리트의 주식시장에는 수억 달러의 자금이 추가 유입될 것이라고 전망되기도 하였다.

참고로, 현재 신흥시장에 머무르고 있는 우리나라의 주식시장도

GCC 국가 주가지수

	주가지수				2012년 말 대비(%)	상장 기업 수 (개)	시가 총액 (억 달러)
	2010년 말	2011년 말	2012년 말	2013년 6월 13일 현재			
사우디 아라비아 (TASI)	6,620.75	6,418.13	6,801.22	7,294.38 (6. 15.)	7.3	160	3,893
쿠웨이트(KSE)	6,955.50	5,814.20	5,934.28	7,931.09	33.6	213	1,089
카타르(QE)	8,681.65	8,779.03	8,358.94	9,479.80	13.4	42	1,419
아부다비(ADX)	2,719.87	2,402.28	2,630.86	3,661.39	39.2	66	1,047
두바이(DFM)	1,630.52	1,353.39	1,622.53	2,399.58	47.9	56	612
바레인(BAX)	1,432.26	1,143.69	1,065.61	1,198.61	12.5	48	213
오만(MSM)	6,754.92	5,695.12	5,760.84	6,588.49	14.4	120	223

주: TASI: Tadawul All-Share Index, KSE: Kuwait Stock Exchange, QE: Qatar Exchange, ADX: Abu Dhabi Securities Exchange, DFM: Dubai Financial Market, BAX: Bahrain Stock Exchange, MSM: Muscat Securities Market.

MSCI의 시장 분류에서 선진시장의 지위를 얻기 위해 수년간 노력해 왔으나, 아쉽게 2013년 시장 분류 검토에서 대만과 함께 신흥시장 지위가 그대로 유지되었다. 영국의 FTSE(Financial Times Stock Exchange) 지수에서는 우리나라의 주식시장이 선진지수로 분류되어 있는데, 조만간 MSCI 지수에서도 선진시장 지위로 올라서기를 기대한다.

10 /
아부다비와 두바이의 경쟁,
그리고 협력

우리에게는 아랍에미리트의 수도인 아부다비보다 두바이가 훨씬 많이 알려져 있다. 두바이는 일찍부터 발달된 에미리츠 항공, 우리나라 기업이 시공한 부르즈 칼리파 빌딩, 창의적인 디자인으로 세상을 놀라게 한 인공 섬인 팜 주메이라(Palm Jumeirah)와 더 월드(The World) 프로젝트, 타이거 우즈가 건물 옥상에 서서 바다를 향해 골프공을 날리는 광고로 유명해진 돛단배 모양의 7성급 호텔 부르즈 알 아랍(Burj Al Arab)과 사막 최초의 실내 스키장 등으로 2000년대 들어 우리뿐만 아니라 세계의 관심을 한 몸에 받았다.

아랍어로 메뚜기라는 뜻의 두바이(Dubai)는 아랍에미리트에서 두 번째로 큰 에미리트로 걸프 지역의 무역, 교통, 물류, 관광, 금융의 중심지이다. 두바이는 석유 생산량도 아주 적고, 가스 매장량도 아랍에미리트의 2% 수준˙으로 알려져 있다. 이처럼 석유나 가스 등의 부존

자원이 많지 않음에도, 두바이의 제벨 알리 항은 정제된 석유 등을 저장·거래하는 중심지로 성장하였다. 두바이의 인구는 대략 200만 명, GDP는 1,000억 달러 내외로 아랍에미리트 전체 GDP의 25~30%를 차지하고 있다. 두바이는 중동·북아프리카와 유럽을 잇는 지리적 이점을 활용하여 관광·교통·부동산 개발을 결합한 경제발전 모델을 만들어 2009년 경제위기 이전까지 높은 경제성장을 이루어왔다.

두바이는 지나친 부동산 개발 열기로 지난 2009년에 경제위기를 겪기도 했으나, 채무 재조정과 국채 발행에 잇따라 성공했고, 2013년에는 부동산 가격이 상승하는 등 뚜렷한 회복세를 보이고 있다. 한때 아랍 지역 전체를 흔들었던 '아랍의 봄'의 여파로 두바이는 상대적으로 안전한 투자 지역이라는 이미지가 다시 살아나 반사이익을 보았다는 견해도 있다. 2012년 이후 지속적으로 호텔 투숙률이 높아지고 주거용 부동산의 가격도 강세를 보이는 등 최근 상당한 경제 회복세를 보이고 있다.

잘 알려지지 않은 사실 중 하나가 두바이는 석유 생산량이 매우 적다는 점이다. 아랍에미리트의 석유 생산은 대부분 아부다비에서 이루어지고 있다. 한마디로 두바이의 경제는 석유에 의존하는 것이 아니라 물류와 항공, 금융, 관광과 부동산 등 서비스 산업으로 이루어지는 경제라는 것이다. 예를 들면, 높이 828미터로 세계 최고층 건물인 부르즈 칼리파를 보면서 한국 관광객들은 백이면 백 다 공실률을 걱정한다. 그러나 두바이는 부르즈 칼리파 빌딩을 지으면서 그 자체의 수입보다는 그 유명한 건물이 가져올 총체적 부가가치, 즉 외국 관광객 유

---

* United Arab Emirates Ministry of Economy (2011), Investor's Guide to the UAE 2010-2011.

104 사막 위에 세운 미래, 아랍에미리트 이야기

입을 통한 항공 수입과 호텔 수입, 소비 지출, 주변 지가 및 건물 임대료 상승 등 전체적인 경제 효과를 기대한 것으로 보인다.

부르즈 칼리파는 연말연시면 세계에서 연인들이 불꽃놀이를 보러 몰려드는 관광명소로 자리 잡아가고 있어, 세모에는 반경 5킬로미터 내에 접근하기조차 힘들 정도로 인파가 붐비는 지역으로 바뀌었다. 이것을 보면 건물 자체의 공실률이 큰 문제가 될 수 없다는 점에 충분히 공감이 간다. 이러한 점에서 우리가 한때 경제자유구역을 만든다면서 오피스, 주거, 학교, 레저, 병원 등 종합적 도시 개발을 추진했지만, 과감한 국가적 선투자보다는 해외 투자자 유치를 통해 민간 주도로 개발을 유도하고자 해 한계에 부딪혔던 점을 반성하게 만든다.

호된 경제위기를 경험한 두바이 정부는 요즘 초심으로 돌아가자면서 부동산 개발에 대한 중요도를 낮추고, 강점인 물류와 관광에 다시 초점을 맞추려는 노력을 하고 있다. 대형 프로젝트 개발에서도 과거의 실패를 반복하지 않기 위해 철저하게 계획해 신중하게 추진하고 있다. 이에 따라 그동안 잠잠했던 창의적인 프로젝트들도 하나 둘 발표되기 시작했는데, 도심을 관통하는 운하 프로젝트와 런던의 명물 런던 아이(London Eye)와 비슷한 모양의 두바이 아이(Dubai Eye) 같은 대형 프로젝트가 대표적인 예이다.

한편, 아부다비는 아랍에미리트 전체 면적의 84%,[*] 석유 생산량과 가스 매장량의 90% 이상[**]을 자랑하는 최대 에미리트이다. 아랍어로

---

[*] 아랍에미리트의 전체 면적은 약 8만 3,000제곱킬로미터, 아부다비의 면적은 약 7만 제곱킬로미터이다.

[**] United Arab Emirates Ministry of Economy (2011), Investor's Guide to the UAE 2010-2011. 이 자료에 따르면, 아부다비는 석유 생산의 94%, 가스 매장량의 90%를 차지한다고 한다.

'Abu'는 '아버지', 'Dhabi'는 '사슴'을 가리키는 말로, 아부다비는 산양 또는 사슴의 아버지를 뜻한다. 아부다비 에미리트는 크게 아부다비 지역(중부), 알아인 지역(동부), 알가르비아 지역(서부)으로 나뉘며, 2012년 기준 아부다비 에미리트의 전체 인구는 약 233만 명으로, 아부다비 지역 142만 명(60.7%), 알아인 지역 63만 명(27.0%), 알가르비아 지역 29만 명(12.2%)으로 구성되어 있다.* 아부다비의 2012년 명목 GDP는 약 2,484억 달러**로 아랍에미리트 전체 GDP의 60% 이상을 차지한다. 아부다비만의 GDP를 인구로 나누면, 1인당(현지인+외국인) GDP는 약 10만 달러로 인근 국가인 카타르와 함께 세계 최고 소득 수준을 보이며, 인구의 80% 이상을 차지하는 외국인 근로자를 제외할 경우 현지인 국적자의 1인당 GDP는 10만 달러를 훨씬 웃돌 것으로 추정된다.

아부다비의 경제 구조는 두바이와 다른 점이 많다. 아부다비는 세계 7위의 석유와 가스를 기본자산으로 보유하고 있어 여기서 나오는 고정수입이 막대하다. 이들 에너지 자원에 대한 의존도가 너무 높아 유가 변동에 민감한 경제 구조라는 취약점은 있으나, 지금처럼 유가가 배럴당 100달러 내외를 유지하는 한 경제 운용에 문제는 없다. 이들 석유와 가스 자원에서 얻는 수입으로 연방정부 예산에 대한 기여금과 아부다비 정부 자체의 세입 부분을 충당하며, 남는 부분은 모두 국부 펀드에 맡겨 미래를 대비하기 위한 자산으로 운용된다.

연방국가로서 연방정부가 존재하고, 이 체제가 잘 만들어진 계약처

---

* Statistics Center–Abu Dhabi (2013. 9), Statistical Yearbook of Abu Dhabi 2013.
** GDP 규모는 1$=3.67디르함(AED)을 적용한 환산치이다.

럼 원활하게 기능하고 있지만, 경제에 관한 한 아랍에미리트를 대표하는 아부다비와 두바이는 각자의 시스템과 경제 운영 원리에 따라 마치 독립된 나라처럼 개발되고 운영된다. 상호 교차 투자보다는 서로 간섭하지 않고 각자 자기 에미리트의 개발과 미래 대비 투자에 최대한 노력하고 있다는 것이 특이하다. 두바이 경제가 마치 우리나라의 대기업처럼 많은 계열사를 거느리고 보유 부동산의 개발 수입과 그것을 바탕으로 투자한 각종 국영기업들이 창출해내는 수익으로 움직여 나가는 데 반해, 아부다비는 에너지 자원이라는 보다 확실한 자산에서 나오는 수익을 바탕으로 국가 개발과 산업화를 추구해 나가는 경제 체제이다. 사람들은 두바이는 진취적이고 개방적인 데 비해 아부다비는 상대적으로 보수적이고 전통 가치를 중요시한다고 평가하기도 한다. 살아온 배경이나 경제적 여건상 어느 정도는 그런 점도 있지만 그 차이는 미미하고, 오히려 하나의 연방국가로서 서로 유사성이 점차 커져간다고 보는 것이 옳을 것이다.

아랍에미리트를 구성하는 양대 에미리트인 아부다비와 두바이는 상호 긴밀한 협력관계에 있으나, 서로 경쟁하기도 하다.

아부다비와 두바이는 서로 다른 국영 항공사를 가지고 있다. 아부다비의 항공사는 아부다비 정부가 2003년에 설립한 에티하드 항공이다. 에티하드 항공은 2013년 기준으로 10년이라는 비교적 짧은 역사를 가지고 있으나, 빠르게 성장해 우리나라를 포함하여 세계 100여 개국에서 온 조종사와 승무원 등 1만 명 이상이 근무하고 있다. 2013년 현재 80여 대의 항공기를 보유하고 있으며, 전 세계 90개 이상의 도시에 취항하여 연간 1,000만 명 이상의 여객을 수송하는 것으로 알려져 있다. 에티하드 항공은 우리나라의 인천과 아부다비를 매일 1회 운항하고 있다. 이에 반해, 두바이 정부가 두바이 투자공사(ICD)를 통해 소유하고 있는 에미리츠 항공은 1985년에 설립되었으며, 4만여 명이 근무하는 세계적인 규모의 항공사이다. 200대 가까운 항공기를 보유하고, 전 세계 100개 이상의 도시에 취항하며, 연간 3,000만 명 넘는 여객을 수송하는 것으로 알려져 있다. 에미리츠 항공도 우리나라의 인천과 두바이를 매일 운항하고 있다.

아부다비와 두바이가 대비되는 또 한 가지는 주식시장이다. 아부다비에는 ADX, 두바이에는 DFM이 있는데, 두 곳 모두 2000년에 설립되었다. ADX에는 아부다비 정부 소유의 기업들이, DFM에는 두바이 정부 소유의 기업들이 주로 상장되며, 상장 기준은 연방정부인 증권·상품감독청(Emirates Securities & Commodities Authority)에서 관리하고 있다.

한편, 아부다비와 두바이는 산업 분야에서 긴밀히 협력하기도 한다. 1975년에 설립된, 두바이 최대 제조업체 중 하나인 두바이 알루미늄사(Dubai Aluminium Company : Dubal)는 두바이 정부가 두바이투자공사를 통해 소유하고 있는데, 생산된 알루미늄은 우리나라를 포함하여 극동 지역과 유럽, 미국 등으로 수출된다. 두발(Dubal)사는 알루미늄 생산량을 확대하기 위해 2007년에 아부다비 정부가 소유한 개발회사 무바달라와 합작으로 에미리츠 알루미늄(Emirates Aluminium : Emal)사를 설립했는데, 에말(Emal)은 아부다비와 두바이가 각각 절반씩 소유권을 가지고 있다. 한편, 2013년 6월 두바이 정부 소유의 두발사와 아부다비 정부가 지분의 절반을 소유하고 있는 에말사는 협정 체결을 통해 2014년까지 상호 합병해 단일 알루미늄 제조업체를 만들기로 하였다. 합병을 통해 신설되는 에미리츠 글로벌 알루미늄(Emirates Global Aluminium)은 약 150억 달러(550억 디르함) 규모의 자산으로, 연간 240만 톤 규모의 생산능력을 보유하여 세계 5위의 알루미늄 생산업체가 될 것으로 알려졌다. 이 또한 아부다비와 두바이가 알루미늄이라는 산업 분야에서 서로 협력한 사례라고 볼 수 있다.

이와 같이 수도인 아부다비와 물류·교역의 중심지인 두바이는 여러 분야에서 상호 협력하고, 한편으로 경쟁하면서 아랍에미리트의 경제발전을 주도해 나가고 있다.

11 /

호르무즈의 3개 섬과 우리의 독도

아랍에미리트 위쪽 아라비아 만* 건너편에는 이란이 있다. 이란은 한반도의 8배 정도 크기(165만 제곱킬로미터)에 7,700만 명의 인구가 살고 있으며, 중동 지역에서 정치적으로 많은 관심과 경계를 받고 있다. 이란과 지리적으로 인접한 아랍에미리트에는 약 40만 명의 이란인이 거주하는 것으로 알려져 있으며, 아랍에미리트와 이란은 경제적인 측면에서 교역 규모가 100억 달러 넘는 등 중요한 관계를 맺고 있다.

아랍에미리트와 이란 간 교역은 주로 두바이를 통해 이루어지며,

---

* 아라비아 만(Arabian Gulf)을 이란에서는 페르시아 만(Persian Gulf)으로 부른다. 아라비아 만은 아라비아 반도와 이란 사이에 있으며, 이란과 이라크의 국경지역으로부터 동쪽 끝 호르무즈 해협까지 약 1,000킬로미터의 길이에 250~350킬로미터의 폭으로 한반도보다 약간 넓은(23만 제곱킬로미터) 바다이다. 아라비아 만의 끝자락에 있는 호르무즈 해협은 폭이 약 50킬로미터 내외로 아라비아 만과 오만 만을 연결하며, 이란·이라크·쿠웨이트·카타르 등에서 생산된 원유가 통과하는데, 그 규모가 전 세계 원유 생산량의 20%에 달한다. 몇 년 전 이란에 의한 호르무즈 해협 봉쇄가 거론되면서 위기감이 고조되기도 하였다. 아랍에미리트는 2012년 호르무즈 해협을 거치지 않고 내륙의 원유를 인도양 쪽의 아라비아 해로 직접 수송할 수 있는 약 360킬로미터의 육상 송유관을 개통하였다.

제3국에서 들어온 물건이 두바이에 머물렀다가 이란으로 나가는 재수출(re-export) 형태의 교역이 양국 간 교역의 80% 이상을 차지한다. 2011년 이후 미국의 이란에 대한 제재가 강화되면서 두바이에서 이란으로의 수출품도 영향을 받아 밀이나 설탕 같은 생필품 위주로 많이 바뀌었고, 다른 나라에서 이란과 직접 교역하는 대신 두바이로 우회하는 교역이 증가하기도 하였다.

이웃 나라인 아랍에미리트와 이란은 현재 이란이 점유하고 있는 섬을 둘러싼 정치적 긴장관계가 형성되어 있다. 이란은 아부무사(Abu Musa), 대툰브(Greater Tunb), 소툰브(Lesser Tunb) 섬을 점유하고 있는데, 아랍에미리트는 이란에 이 3개 섬의 반환을 지속적으로 요구하고 있어, 양국 간 심각한 논란의 요소가 되고 있다. 아랍에미리트에 따르면, 아랍 말을 하는 주민이 오랜 기간 살아온 아랍에미리트 소유의 세 섬에 아랍에미리트가 연방으로 새롭게 출발하기 직전인 1971년 11월에 이란이 군대를 보내 강제 점유한 뒤, 이란 땅이라고 주장한다는 것이다.

아랍에미리트는 이란이 점유하고 있다는 3개 섬에 대해 국제사법재판소(ICJ)로 가자는 입장을 취하고 있다. 세계 지도상 독도 표기 문제와 관련하여 우리가 독도 문제를 설명하면 아랍에미리트의 외교관들은 왜 ICJ로 보내지 않느냐고 말한다. 여기에 대해 "우리의 독도와 여기 3개 섬은 입장이 다르다. 우리는 일본의 제국주의에 의해 1905년에 강제로 빼앗긴 것을 1945년 해방과 함께 되찾아왔는데, 일본이 생떼를 부리며 ICJ로 가자는 것이고, 당신들은 1971년에 빼앗긴 것을 아직 찾아오지 못한 것인데, 만일 나중에 3개 섬을 되찾아온 뒤에 이란

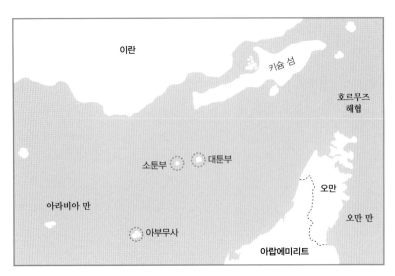

호르무즈 해협의 3개 도서.

이 다시 ICJ에 가서 따져보자고 하면 가겠느냐?" 하고 설명해주면 우리의 입장을 쉽게 이해해주었다.

아무튼 호르무즈 해협의 좁은 지역에 위치한 전략적 요충지인 이 3개 섬의 문제는 앞으로도 이란과 아랍에미리트 간에 주요한 이슈로 작용할 전망이다.

UNITED
ARAB
EMIRATES

3부

**포스트 오일 시대를
대비한 산업화:
아부다비**

아부다비는 아랍에미리트연합 전체 면적의 80%를 점유하는 최대 토후국으로, 여의도의 약 8배 규모인 아부다비 섬에 아랍에미리트의 수도가 있다. 아부다비의 통치자인 셰이크 칼리파가 연방의 대통령을 겸하고 있다. 아부다비는 아랍에미리트 전체 석유 생산량의 90% 이상을 차지하고 있으나, 포스트 오일 시대에 대비한 산업화와 비석유 부문의 육성, 산업단지 조성 등을 적극 추진하고 있다. 환경 문제에도 관심이 높아 가로수 조성을 적극 추진하면서 신재생 에너지 개발에 역점을 두어 국제재생에너지기구(IRENA) 본부를 유치하였고, 탄소 제로 도시인 마스다르 시 건설을 추진하고 있다. 문화에 바탕을 둔 관광산업 육성을 위해 현재 루브르 박물관 중동 분관과 구겐하임 박물관 건설을 정부사업으로 추진하고 있다. 날로 늘어나는 전력 수요를 충당하기 위해 아랍 최초의 원자력발전소 건설을 추진하여 2009년 12월 한국형 원전 도입을 결정해 한전 컨소시엄에 발주했고, 현재 그 건설 사업이 활발하게 진행되고 있다.

1 / 아부다비 경제 비전 2030

아랍에미리트연합의 가장 큰 에미리트이자, 아랍에미리트 석유 생산량의 대부분을 차지하는 아부다비는 석유 부문에 대한 의존도를 줄이기 위해 많은 노력을 기울이고 있다. 그러한 노력의 일환으로 20여 년에 걸친 산업, 교통, 도시개발, 환경, 관광 등 종합적 발전 비전을 담은 국가개발계획을 수립했는데, 그것이 바로 '아부다비 경제 비전 2030'이다. 아부다비 경제 비전 2030은 아부다비 경제를 다변화하기 위해 만들어진 전략이자 실천 계획으로, 현재 아부다비 GDP의 절반 이상을 차지하는 석유에 대한 의존율을 대폭 낮추기 위한 계획들을 담고 있다.

아랍에미리트에는 약 1,000억 배럴의 원유가 매장되어 있는 것으로 추정되는데, 현재 연간 10억 배럴 정도를 생산하므로 국부의 주요 원천인 석유는 앞으로 100년 정도 지나면 고갈된다는 계산이 나온다. 이에 따라, 100년 후 포스트 오일 시대를 준비하는 성격이 아부다비

GDP 비중	2008년	2012년	2018년	2020년	2030년
석유 부문	58%	53%	46%	44%	36%
비석유 부문	42%	47%	54%	56%	64%

자료: The Emirate of Abu Dhabi (2011. 10), Government & Economic Overview.

경제 비전 2030 계획에 내재되어 있다.

2008년 아부다비 왕세자 셰이크 모하메드(Sheikh Mohamed)의 주도로 수립되고 발표된 '아부다비 경제 비전 2030'의 핵심은 2030년까지 아부다비를 현대적인 세계 도시로 탈바꿈시키기 위해 수천억 달러의 재원을 투자하여 관광·의료·교육·금융·철강 및 항공 등의 산업을 중점 육성하는 것이다. 이러한 아부다비 경제 비전 2030의 일환으로 추진 중인 프로젝트에는 다음과 같은 것이 있다.

① 아부다비 주변 섬인 사디야트(Saadiyat Island), 야스(Yas Island), 림(Reem Island), 소와(Sowah Island)* 등의 개발을 통한 관광 진흥

② 클리블랜드 클리닉(Cleveland Clinic) 센터 건설 및 세계적인 병원 유치를 통한 보건의료 산업 육성

③ 금융 중심지로 소와 섬 개발 및 아부다비 증권거래소 이전

④ 소르본 대학교, 미국 뉴욕 대학교 등 외국 캠퍼스 유치 및 각종 학교 건립

⑤ 알루미늄 제련소 확장 등 철강 산업 투자

⑥ 연간 약 5,000만 명의 여객 수용이 가능한 아부다비 공항 터미

---

* 소와 섬은 2012년에 마리야 섬(Maryah Island)으로 이름이 바뀌었다.

사디야트 섬에 들어설 루브르 박물관의 모형.

널 확충, 칼리파 신항만(Khalifa Port)*의 개장 및 확장

⑦ 친환경 도시이자 탄소 제로 개념의 마스다르 시 개발

⑧ 신도시 건설, 경전철(Tram) 건설 추진 등

이들 프로젝트 중 특히 눈길을 끄는 것은 관광·레저 목적의 사디야트 섬 개발 계획이다. 사디야트 섬은 아부다비 관광청(Abu Dhabi Tourism Authority)에서 개발하고 있는데, 루브르, 구겐하임 등 세계적인 박물관의 중동 지역 분관과 자이드 국립박물관(Zayed National Museum)

* 아부다비에서 두바이 방향으로 자동차로 약 40분 거리에 있으며, 2012년 9월 1일 공식 개항했다. 칼리파 항은 1단계로 연간 250만 TEU의 컨테이너 및 1,200만 톤의 화물 처리능력을 갖추고 있으며, 2030년까지 연간 1,500만 TEU의 컨테이너 및 3,500만 톤 규모의 화물 처리능력을 갖춘 항구로 지속적으로 확충될 계획이다.

아부다비 주변 섬의 주요 개발 내용

섬 이름	개발 내용	주 개발업체

사디야트 섬	− 관광 · 레저의 고급 휴양지
	− 호텔 및 3대 박물관 등 입지
	  * 루브르, 구겐하임, 자이드 박물관
		• 아부다비
		  관광개발공사(TDIC)

소와 섬 (마리아 섬)	− 금융 중심 비즈니스 업무지구 − 아부다비 증권거래소(ADX) 및 클리블랜드 클리닉 입지 * 아부다비 금융자유구역으로 지정	• 무바달라
림 섬	− 주거용 및 사무실 지구 − 소르본 대학교 개교	• 소로(Sorough), 림(Reem)
야스 섬	− 관광 · 레저 위주 * F1 경기장, 실내 놀이공원 페라리 월드(Ferrari world), 야스 워터월드(Yas Waterworld) 운영 중	• 알다르(Aldar)

룰루 섬	− 친환경 휴양 및 거주지
	  * 룰루(Lulu)는 진주(pearl)라는 뜻
	  * 개발 유보지
		• 소로

등 3개의 큰 박물관이 2015년부터 연차적으로 들어설 예정이다.

이들 3개의 박물관은 이미 설계가 끝났으며, 루브르 박물관은 2013년 초에 시공업자를 선정해 2015년 완공 예정이다. 사디야트 섬에는 해변을 중심으로 골프장과 호텔, 많은 빌라가 이미 완공되었거나 건설 중인데, 이웃 나라인 사우디아라비아의 부호들이 주말 별장용으로 상당수를 보유하고 있다고 한다.

2013년 현재, 아부다비에는 많은 개발 프로젝트가 진행되고 있어 아부다비 도심과 주변 섬들 곳곳에서 공사현장이 눈에 띄고, 차량 통행에 불편을 주는 경우도 많다. 하지만 아부다비 경제 비전이 목표로 하는 2030년경에는 아부다비 섬과 아부다비 주변 섬들에 상당한 수준의 인프라가 구축되어 새로운 모습을 보일 것으로 기대된다.

2 / 인력 양성과 산업 입국에의 꿈

　석유와 가스 자원을 바탕으로 경제를 일군 아부다비에 가장 큰 두려움은 바로 이 자원의 고갈일 것이다. 따라서 석유가스 자원을 활용한 정유 및 석유화학 산업에 대한 의존도가 큰 것이 현실이지만, 석유가스 자원이 풍부할 때 이를 최대한 활용하여 미래 먹거리인 다른 산업을 육성하고 인재를 양성하는 것이 국가 백년대계의 가장 큰 방향이라고 할 수 있다.

　아부다비에서 가장 중요한 이 두 가지를 담당하는 것이 셰이크 모하메드 왕세자다. 아랍에미리트에서는 어느 조직이든 의장이 누구인지를 보면 그 기관의 중요성이나 성격을 짐작할 수 있는데, 모하메드 왕세자는 아부다비 정부의 내각격인 집행위원회(Executive Council), 교육위원회(Education Council), 전략문제연구소(ECSSR)의 의장을 맡고 있다. 아울러 아부다비 집행위원회를 뒷받침하면서 기획 및 집행

업무를 맡고 있는 아부다비 행정청(Executive Affairs Authority)을 직접 지휘하고 있다.

인력 양성과 관련된 아부다비에서의 일화를 하나 소개하고 싶다. 2012년 6월경, 왕세자실에서 여름방학을 기해 전국 대학에서 뽑은 학생 15명을 한 달간 한국에 파견하여 언어와 실무교육, 산업시찰 등을 시키고 싶으니 한국 측에서 긴급히 연수 프로그램을 마련해달라는 요청을 해왔다. 이에 따라 본부와 협의하여 한국 방문 및 교육 프로그램을 신속히 준비했고, 7월 한 달 동안 민간 교육 용역 기관과 합동으로 우리나라에서 프로그램을 진행했다. 출발 전에 대사의 특강을 통해 학생들에게 한국의 역사, 지리, 국제정치적 위치, 양국관계, 남북문제 등에 대해 오리엔테이션을 한 뒤, 서울에 도착해 간단한 한국어 교육부터 약 2주간 실시하였다. 과거에 장관을 지내신 분들을 중심으로 한국의 경제발전에 대해 강의하도록 주선했고, 이후에는 삼성전자, 현대자동차, 한국전력 등 주요 산업시설을 돌아보는 프로그램이 진행되었다. 남는 시간을 이용해 KBS의 〈뮤직뱅크〉 녹화 현장이나 인사동 거리를 가보는 등 한국 문화에 대해서도 적극 소개해주었다.

결과는 대성공이었다. 처음 실시한 해외 단기연수 프로그램에 대한 이곳 학생들의 만족도가 대단히 높았고 왕세자실도 흡족해했다. 이들이 우리나라에서 프로그램을 마치고 돌아온 지 약 보름 뒤, 모하메드 왕세자실에서 학생들에 대한 왕세자 접견행사가 마련되었다. 왕세자실의 요청으로 한국 대사도 참석했는데, 그 자리에서 모하메드 왕세자는 15명의 학생들에 둘러싸여 선 채로 아주 감동적인 발언을 했다. 20분가량 계속된 발언의 요지를 소개하면 다음과 같다.

"내가 당신들을 한국에 보낸 이유를 아는가? 우리나라에는 자원이 하나밖에 없다. 이 석유가스 자원은 50년만 지나면 고갈되고 말 것이다. 그러면 낙타 타고 사막을 건너던 가난했던 시절로 다시 돌아갈 것인가? 세상에는 우리처럼 한 가지 자원만으로 산업화를 이루어 반세기 만에 성공한 나라가 있다. 그것이 한국이다. 한국은 석유가스가 나지 않는다. 천연자원도 없고 가지고 있는 것이라고는 오직 인적자원밖에 없는 나라다. 하지만 한국은 인적자원을 최대한 활용하여 오늘날과 같은 경제 부흥을 이룩한 위대한 나라다. 나는 여러분에게 그 나라를 경험하게 해주고 싶었다. 왜냐하면 여러분은 앞으로 이 나라를 이끌어갈 우리의 소중한 인적자원들이기 때문이다."

조용하면서도 힘찼던 모하메드 왕세자의 발언은 참석자 모두를 감동시켰는데, 특히 과거 우리나라의 치열한 발전 과정을 직접 겪으며 살아온 한국인으로서 감회가 남다를 수밖에 없었다. 그리고 '이 나라는 미래가 있다. 이런 뚜렷한 미래 비전을 갖고 있는 지도자가 있는 아랍에미리트는 행복한 나라이고, 반드시 성공할 것이다.'라는 생각이 저절로 떠올랐다.

아랍에미리트는 국가 산업화를 위해 항상 치열하게 고민하고 있다. 그러나 사막에 세워진, 인구가 부족한 국가라는 한계 때문에 마음을 먹는다고 산업화가 되는 것은 아니다. 우선 아무리 교육에 중점을 둔다고 하더라도 기술인력이 많이 필요한 산업은 힘들다. 인도나 파키스탄, 필리핀 등 인근 국가에서 필요한 노동력을 대부분 공급받고 있으나, 높은 기술수준이 요구되고 연관 산업이 다 갖춰져야 가능한 자동차 산업 등은 아무래도 단시일 내 육성하는 데 한계가 있을 것이다.

반면, 전력 공급이 원활하고 풍부해야 할 수 있는 제철 산업 등은 상대적으로 경쟁력을 가질 수 있을 것이다. 실제로 아랍에미리트는 알루미늄 제련 사업을 중점적으로 추진하여, 현재 생산능력 기준으로 세계 5위의 알루미늄 생산 국가로 급부상하고 있다.

아부다비가 관심을 갖고 추진하는 또 하나는 항공기 제작 사업이다. 고도의 기술이 필요한 항공기를 설계하고 완제품을 제작하는 것은 아직 힘들지만, 꼬리 부분이라든지 동체의 일정 부분을 제작하여 대형 항공사에 납품하는 일과 수리하는 일은 경쟁력이 있을 것이다. 현재 내륙 오아시스 도시인 알아인에 국영 항공 제작사인 스트라타(Strata)를 설립하여 항공 부문에 대한 사업을 야심차게 확대해가고 있다.

조선 산업과 반도체 산업에도 관심이 많은데, 우리나라가 2009년 말 원전을 수주할 당시 산업협력 차원에서 함께 체결한 경제협력 약정 중에 이 두 가지 분야가 협력 대상으로 포함되어 있다. 특히 반도체 산업은 많은 부분이 자동화되어 있고 대부분 실내 작업이라 충분히 경쟁력이 있다고 여겨 시스템 반도체를 중심으로 많은 관심을 기울이고 있다. 몇 년 전 아부다비는 세계적인 시스템 반도체 회사인 글로벌 파운드리스(Global Foundries)를 인수합병해* 일약 세계 2~3위 반도체 생산국가로 발돋움한 바 있다. 현재는 미국, 싱가포르 등에만 반도체 생산 공장이 있고 아랍에미리트 내로 들여오지는 못했지만, 반도체 생산 공장을 국내에 세우는 것이 궁극적인 목표라고 한다. 이렇게 시스템 반도체 분야에 발을 들여놓은 아랍에미리트는 메모리 반도체

---

* 아부다비의 Advanced Technology Investment Company(ATIC)가 글로벌 파운드리스를 인수하였으며, 글로벌 파운드리스의 반도체 생산시설은 뉴욕, 독일, 싱가포르 등에 위치하고 있다.

부문에서 세계적인 수준인 우리나라와 긴밀하게 협력하기를 희망하고 있다.

그 밖에 풍부한 태양 에너지를 바탕으로 한 신재생 에너지 분야도 언젠가 산업화에 적합한 것으로 보고 있다. 그 첫 번째 작업이 국제재생에너지기구(IRENA) 본부를 아부다비에 유치한 것이다. 현재 아부다비 공항 인근에 조성 중인 마스다르 시에 국제재생에너지기구의 본부 건물을 건설하고 있다. 2013년 봄 서부 사막지대에 세계 최대 규모의 태양열 발전소도 세워 대대적인 준공행사를 거행하였다. 태양광 발전의 경우, 온도가 높고 사막에 먼지가 많아 효율이 떨어지는 부분에 대한 기술적인 해법을 찾고 있으며, 지금도 국부 펀드의 하나인 무바달라나 에너지 전문기업인 마스다르(Masdar) 같은 국영기업을 통해 해외 주요 신재생 에너지 분야에 적극 투자하면서 긴 시야로 경험을 축적해 나가고 있다.

3 / 아부다비의 국영기업들

아부다비에는 아부다비 정부가 소유한 많은 국영기업이 있다. 아부다비의 국영기업은 자회사와, 그 자회사들이 설립했거나 지분을 가지고 있는 기업들까지 포함하면 수백 개에 달하는 것으로 추정된다.

예를 들면, 아부다비의 대표적 명소 중 하나인 에미리츠 팰리스 호텔은 아부다비 정부 소유이고, 대부분의 현지 은행들도 직간접적으로 아부다비 정부가 지분을 가지고 있다. 또한 아부다비의 국부 펀드 중 하나인 국제석유투자공사는 자회사인 아바르 인베스트먼츠(Aabar Investments)를 소유하고 있는데, 아바르 인베스트먼츠는 한때 세계적인 자동차 회사인 독일의 다임러 벤츠(Daimler Benz)의 최대 주주이기도 하였다.* 아바르 인베스트먼츠는 건설 지주사인 아랍텍 홀딩

---

* 아바르 인베스트먼츠는 2009년에 다임러사의 최대 주주가 되었으나, 이후 보유 지분을 점차 매각하고 있는 것으로 알려졌다.

(Arabtec Holding)의 지분도 가지고 있는데, 아랍텍 홀딩의 자회사인 아랍텍 건설은 아부다비 공항 확장 프로젝트 등 아부다비 내 유수 공사들의 수주에 잇따라 성공하면서 우리나라 건설 기업들을 긴장시키기도 하였다. 한편, 아부다비 시내에 있는 대표적인 스포츠 시설단지인 자이드 스포츠 시티(Zayed Sports City)*는 아부다비 정부 소유의 국영기업 중 하나인 무바달라가 투자해 조성한 곳이다.

수많은 아부다비의 국영기업들은 여러 형태로 구분할 수 있는데, 누가 이사장(Chairman)직을 맡고 있는가를 보면 그 기관의 중요성을 가늠할 수 있다. 우선 아부다비의 통치자(칼리파 대통령)와 왕세자(셰이크 모하메드)가 직접 맡고 있는 몇 개의 주요 국영기업이 있다. 아부다비 석유공사, 국부 펀드인 아부다비 투자청 및 아부다비 투자위원회는 아부다비의 통치자인 칼리파 대통령이, 아부다비의 경제개발과 경제 다변화를 목적으로 설립된 무바달라와 군사용 장비 생산 기업들의 지주사인 타와준 홀딩(Tawazun Holding)은 모하메드 왕세자가 직접 이사장직을 맡고 있다. 국영기업은 아니지만 아부다비 전략문제연구소(ECSSR)와 아부다비 교육위원회(ADEC)도 모하메드 왕세자가 이사장직을 맡고 있다. 그 밖에 칼둔 알 무바라크(Khaldoon Al Mubarak) 아부다비 행정청장은 새롭게 설립된 에미리트 원자력공사(ENEC)의 이사장직을 맡고 있으며, 나세르 알수와이디(Nasser Alsowaidi) 아부다비 경제개발부 장관은 아부다비 최대 은행인 아부다비 국립상업은행(NBAD)과 국영 에티하드 철도공사의 이사장직을 함께 맡고 있다.

---

* 수도인 아부다비 섬 초입에 위치해 있으며, 근처에 그랜드 모스크가 있다. 국제 규격의 테니스장, 볼링장, 축구장, 아이스링크 등의 각종 운동시설을 갖추고 있다.

석유와 가스 자원 개발의 주역, 아부다비 석유공사와 그 자회사들

아부다비 석유공사(ADNOC)는 세계 최대 규모의 석유가스 개발 국영 기업으로, 유전 개발에서부터 원유 채굴, 원유 채굴 관련 시설 및 장비의 도입과 운영, 원유 정제, 석유화학 제품 생산, 석유 항구 운영, 석유 저장 및 운송, 석유제품 운송 및 판매 등에 이르는 전 영역에서 비즈니스를 수행하고 있다. 아부다비 시내에서 흔히 볼 수 있는 독수리 모양의 간판을 가진 주유소와 그 주유소 바로 옆의 오아시스(Oasis)라는 편의점도 ADNOC에서 운영하고 있다. 1971년에 설립된 ADNOC는 수만 명의 직원을 고용하고 있다.

ADNOC는 15개 이상의 자회사를 거느리고 있는데, 자회사들을 통해 육상 유전과 해상 유전 개발, 가스 생산, 석유화학 제품 생산 및 판매 등을 수행하고 있다. ADNOC는 30년 전부터 우리나라에 아랍에미리트산 원유를 공급해왔고, 2012년 3월에는 3개의 광구에 대한 신규 유전 개발권을 우리나라(대한석유공사와 GS에너지)에 부여하는 등 우리나라와 긴밀한 관계를 유지해오고 있다.

국부 펀드, 아부다비 투자청과 아부다비 투자위원회

아부다비 석유공사의 이사장과 마찬가지로, 석유로부터 나오는 부를 관리하는 국부 펀드의 이사장도 아부다비의 통치자인 칼리파 대통령이 직접 맡고 있다. 1976년에 설립되어 세계 최대 규모의 국부 펀드 중 하나로 성장한 아부다비 투자청(ADIA)과 아부다비 투자청으로부터 2007년에 분리된 아부다비 투자위원회(ADIC)는 우리나라의 한국투자공사(KIC)나 국민연금처럼 전 세계의 주식이나 채권에 투자하

ADNOC의 주요 자회사

자회사명	주요 수행 사업, 지분 구성 등
ADCO	− Abu Dhabi Company for Onshore Oil Operations * 아부다비 육상유전 개발, 관리 * 지분: ADNOC 60%
ADMA	− Abu Dhabi Marine Operating Company * 아부다비 해상유전 개발, 관리 * 지분: ADNOC 60%
ADGAS	− Abu Dhabi Gas Liquefaction Company * 액화 천연가스(LNG), LPG 등 생산 * 지분: ADNOC 70%
ADNATCO & NGSCO	− Abu Dhabi National Tanker Company & Natural Gas Shipping Company * 원유 및 LNG 탱커 운영, 원유 수송 * 지분: ADNOC 100%
ADNOC Distribution	− Abu Dhabi National Oil Company for Distribution * 아부다비 내 정제 석유 제품 판매 * 지분: ADNOC 100%
AI HOSN GAS	− Abu Dhabi Gas Development Company * 샤 지역 가스 개발 * 지분: ADNOC 60%
BOROUGE	− Abu Dhabi Polymers Company * 폴리에틸렌, 폴리프로필렌 등 생산 * 지분: ADNOC 60%
Elixier	− ADNOC − Linde Industrial Gases Company * 산업용 가스(니트로젠, 제논, 크립톤 등) 생산 등 * 지분: ADNOC 51%
ESNAAD	− ESNAAD는 지원(support)을 의미 * 석유와 가스 생산을 위한 물자, 서비스 등 공급 * 지분: ADNOC 100%
FERTIL	− Ruwais Fertilizer Industries * 암모니아, 요소 등 생산 * 지분: ADNOC 66,67%
GASCO	− Abu Dhabi Gas Industries * 천연가스 생산, 관리(루와이스 지역에 공장 있음) * 지분: ADNOC 68%
IRSHAD	− Abu Dhabi Petroleum Ports Operating Company * 아부다비 석유 수출항 운영 및 관리, 선단 및 터미널 운영 등 * 지분: ADNOC 60%

NDC	— National Drilling Company * 해상 및 육상 유전 등의 장비, 기계장치 설치 * 지분: ADNOC 100%
TAKREER	— Abu Dhabi Oil Refining Company * 원유정제, 가솔린 · 나프타 · 액화 석유가스 등 생산 * 지분: ADNOC 100%
ZADCO	— Zakum Development Company * 아부다비 북서 지역의 해상유전(Upper Zakum) 개발, 관리 * 지분: ADNOC 60%

자료: Zawya.com, The Oil & Gas Year Abu Dhabi 2011 등 참조.

고 있다. 특히 ADIA는 우리나라의 증권시장에도 상당히 관심이 많아 별도로 한국 데스크를 두고 삼성전자나 현대자동차, 우리금융지주 등 우리나라 대표 주식들에 상당한 규모의 자금을 투자하고 있는 것으로 알려져 있다.

아부다비 산업 다변화의 첨병, 무바달라

아부다비의 산업 다변화와 경제개발을 목적으로 2002년에 설립된 무바달라(Mubadala)*는 항공 · 에너지 · 의료 · 부동산 · 알루미늄 · 금융 등 여러 산업 분야에 걸쳐 많은 자회사를 가지고 있는데, 무바달라의 이사장은 모하메드 왕세자이며, CEO는 칼둔 아부다비 행정청장**이 맡고 있다.

무바달라의 자회사 중 하나인 돌핀 에너지는 카타르에서 가스를 수입해 주로 아부다비의 전력회사인 아부다비 수전력청(ADWEA: Abu

---

* 아랍어로 '교환(exchange)', '절충(offset)'이라는 뜻을 가지고 있다.
** 무바달라사의 CEO인 칼둔 아부다비 행정청장은 에미리츠 원자력공사(ENEC) 이사장, 에미리츠 알루미늄(Emal) 이사장, 퍼스트 걸프 은행(FGB) 이사, 영국의 축구구단인 맨체스터시티의 구단주 등을 겸임하고 있다.

무바달라의 주요 자회사

분야	주요 자회사
항공	− Abu Dhabi Aircraft Technologies(항공기 정비, 유지) − Horizon International Flight Academy(헬기 조종교육 등) − Strata Manufacturing(항공기 날개 등 부품 제작)
에너지	− Abu Dhabi Future Energy Company(마스다르 신도시 건설) − Dolphin Energy(가스 수입) − Mubadala Petroleum Services Company(정제유, 건설자재 공급 등)
의료, 체육	− Abu Dhabi Knee & Sports Medicine Center(메디컬센터 운영) − Cleveland Clinic Abu Dhabi(클리블랜드 클리닉) − Wooridul Spine Center(우리들 척추센터) − Zayed Sports City 등
조선, 알루미늄, 반도체	− Abu Dhabi Shipbuilding(선박 건조 등) − Advanced Technology Investment Company(IT, 반도체 등) − Emirates Aluminium(알루미늄 제조)
부동산	− Al Dar Properties(부동산 개발, 투자) − Mubadala Real Estate(부동산 투자, 개발) 등
금융	− Abu Dhabi Finance, Dunia Finance, Mubadala GE Capital 등
기타	− Al Yah Satellite Communications Company(위성 운영 및 관리) − AMMROC: Advanced Military Maintenance Repair & Overhaul Center(군 장비 정비, 수리) − Emirates Ship Investment Company(해상 화물운송 등) − Paris − Sorbonne University Abu Dhabi(파리 − 소르본 대학교 아부다비) − Tabreed(National Central Cooling Company)(지역 냉방 시스템)

Dhabi Water & Electricity Authority)에 공급하고 있다. 무바달라의 또 다른 자회사 스트라타(Strata)는 최근 아부다비의 신수종 사업으로 부상한 항공기 부품 제조 및 정비 등을 담당하는 업체로, 유럽의 에어버스(Airbus)에 항공기 날개를 납품하고 있으며, 앞으로 수주 확대와 업종 다각화 등을 통해 높은 성장세를 보일 것으로 예측된다.

또한 아부다비 정부가 200억 달러 이상을 투자하여 탄소 제로 개념의 마스다르 신도시 건설을 추진하고 있는 마스다르사도 무바달라가 지분을 100% 가지고 있으며, 아부다비의 금융자유구역에 들어서는 대규모 의료기관인 클리블랜드 클리닉도 무바달라가 추진하는 투자 프로젝트이며, 우리나라의 우리들병원이 진출하여 위탁 경영을 맡고 있는 현지 척추 전문병원인 우리들 척추센터도 무바달라가 100% 출자하여 만든 자회사이다.

방위산업의 지주사, 타와준

모하메드 왕세자가 이사장을 맡고 있는 아부다비의 또 다른 국영기업으로, 군사용 장비 등을 생산 · 정비하는 기업들의 지주사인 타와준 (Tawazun)*이 있다. 타와준은 방위산업에 대한 투자회사로, 무인용 항공기, 총기류, 탄약류 등을 생산하는 10여 개의 자회사가 있다.

타와준의 주요 자회사

자회사	주요 수행 사업
ADASI	– Abu Dhabi Autonomous Systems Investments * 무인항공기 프로젝트 추진
Caracal International	– 저격용 소총, 총기류 생산 및 정비 등
Tawazun Advanced Defense Systems	– 총기류 생산, 정비 등 * 2013년 9월, Caracal International로 통합됨
NIMR Automotive	– 군사용 차량 생산, 정비
Remaya International	– 사격장 운영, 교육훈련 프로그램 등 제공
Tawazun Precision Industries	– 군사용 금속류 생산
Caracal Light Ammunition	– 탄약류 생산
Burkan Munitions Systems	– 탄약류 생산
Tawazun Industrial Park	– 군수기업 등 입주

---

* 아랍어로 '균형(balance)'이라는 뜻이다.

아부다비 제조업의 지주사, 제너럴 홀딩

아부다비의 통치자나 왕세자가 이사장을 맡고 있지는 않으나, 아부다비의 철강·식품·건설 자재류 등을 제조하는 주요 제조업의 지주사는 제너럴 홀딩(GHC: Senaat General Holding Corporation)이다. 제너럴 홀딩의 자회사 중 하나인 에미리츠 철강(Emirates Steel Industries)은 2012년 현재, 연간 300만~400만 톤의 철강 생산능력을 갖추고 있으며 지속적으로 생산능력을 확충해 나가고 있다. 그리고 아부다비에서 많이 팔리는 생수 중 하나인 알아인 워터(Al Ain Water)는 제너럴 홀딩의 자회사 아그티아(Agthia) 그룹에서 만든 것이다. 우리에게 많이 알려져 있지는 않으나, 산업 다변화와 함께 제조업을 중시하는 아부다비에서 10여 개의 제조업체를 자회사로 두고 있는 제너럴 홀딩의 위상은 상당히 높은 것으로 보인다.

아부다비에는 이외에도 수많은 국영기업이 있다. 항공 운송 부문에서 급성장을 거듭하고 있는 에티하드 항공, 지속적으로 공항 확장 사

제너럴 홀딩의 주요 자회사

분야	주요 자회사
철강, 알루미늄	- Emirates Steel Industries(철강 생산) - Ducab(Dubai Cable Company)(동 케이블 생산) - Taweelah Aluminium Extrusion Company(알루미늄 제품 생산) - United Cables Company(알루미늄 전도체 생산)
식품	- Agthia Group(미네랄워터, 사료, 밀가루 등 생산) - Al Foah Company(대추야자 생산, 소매점 운영 등)
건설자재류 등	- Al Khaznah Tannery(가죽 제품 등 제조) - Arkan(Arkan Building Materials Company) 　(시멘트·레미콘, 강화유리, 목재 등 생산) - DAMCO(글로벌 물류 및 수송 등) - NPCC(National Petroleum Construction Company) 　(철구조물·파이프 등 생산 및 유지, 석유가스 개발 자재 조달 등)

업을 하는 아부다비 공항공사(ADAC: Abu Dhabi Airports Company), 중동 지역의 최대 헬리콥터 운영업체 중 하나인 아부다비 항공(Abu Dhabi Aviation), 아부다비의 산업단지를 조성하고 있는 아부다비 항만공사(ADPC: Abu Dhabi Ports Company) 등을 예로 들 수 있으며, 관광 부문에서도 아부다비 인근 섬으로 세계의 유수한 박물관이 들어서는 사디야트 섬의 개발업체인 아부다비 관광개발투자공사(TDIC: Tourism & Development Investment Company) 등을 들 수 있다.

아부다비의 국영기업들이 발주하는 건설 프로젝트 등의 공사는 우리나라 기업들도 수주하기 위해 많은 노력을 기울이고 있는데, 한국수출입은행에서는 매년 세계 주요 발주기업 인사들을 국내에 초청하는 행사에 아랍에미리트의 주요 국영기업 인사들을 가급적 많이 초청해 우리 기업들의 수주 활동을 측면 지원하기 위해 노력하고 있다.

아부다비의 국영기업들은 아부다비의 경제발전과 성장을 이끌어가는 견인차 역할을 하고 있다. 우리나라의 경우에도 한국전력이나 대한석유공사, 대한석탄공사와 같은 국영기업들이 한때 국가 발전을 선도했는데, 아부다비의 경우에도 민간 부문이 국가 경제의 상당 부분을 이어받을 때까지 이러한 국영기업들의 중요한 역할이 지속될 것으로 예상된다.

4 / 사막 위의 산업단지(KIZAD)

아부다비에서 두바이 방향으로 자동차를 타고 40분 정도 달리다 보면, KIZAD(Khalifa Industrial Zone Abu Dhabi)라고 불리는 칼리파 산업단지가 나타난다.

KIZAD는 아부다비 정부가 석유 의존도를 낮추고 산업 기반을 다각화하기 위한 '아부다비 경제 비전 2030' 노력의 하나로 조성하고 있는 산업단지로, 책임기관은 아부다비 항만공사이다. KIZAD는 알루미늄이나 철강 등 금속제품, 석유화학, 제약·의료장비, 식품, 종이·인쇄 및 포장, 물류 등 각 분야별로 집적화하는 것을 목표로 하고 있다.

KIZAD는 총 417제곱킬로미터로 서울(약 605제곱킬로미터)의 약 3분의 2 크기이다. 현지 관계자들은 싱가포르(약 697제곱킬로미터)의 3분의 2 크기라고 설명한다. KIZAD 바로 옆에는 2012년 말 개장한 칼리파 신항만이 있다. 칼리파 항은 수도인 아부다비 섬에 위치한 자이드 항(Zayed port)이 협소해 이를 대체하는 항구로 개발 중이며, 2030년까지 연간 컨테이너 1,500만 TEU 및 화물 3,500만 톤의 처리 물량*을 목표로 확장공사가 진행되고 있다.

현지 관계자들은 KIZAD의 몇 가지 이점을 강조한다. 그중 하나는 칼리파 항이 바로 인접해 물류 및 원재료의 반입과 반출이 용이하고, 제품을 보관한 뒤 동·북아프리카 지역으로의 재수출에 적합하다는 것이다. 또 다른 이점으로 산업단지 내에 고온의 액체 알루미늄을 바로 운송하고 전달할 수 있는 통로(hot metal road)를 구축하여, 이를 바탕으로 알루미늄이나 금속 등을 재가공하기에 편리하다는 것이다.

그리고 무엇보다 넓은 산업단지로, 저렴한 임차 비용을 강조한다. 산업단지 내의 임차료는 위치와 세부적인 협의 조건 등에 따라 다르지만, 1제곱미터당 6,000원 정도 하는 부지도 있으며, 임차 기간은 50년까지 가능하다고 한다. KIZAD 관계자들은 이러한 이점들을 강조하며 한국기업들이 많이 입주해달라며 협조를 요청해오곤 한다.

2012년 말 현재, KIZAD에는 에미리츠 알루미늄사를 포함해 20여 개의 기업이 입주해 있고, 50여 개의 기업과 입주 협의가 진행 중이라고 한다. KIZAD는 조성 초기단계이기 때문에 실제 현장은 아직 광대한 대지처럼 보인다. 그러나 뚜렷한 비전과 목표를 가지고 기업을 유치하기 위해 적극적인 노력을 기울이기 때문에, 수년 후에는 중동 지역에서 가장 매력적인 산업단지의 하나로 되어 있을 것이다.

---

* 참고로 부산항의 컨테이너 처리능력은 연간 약 1,500만 TEU(세계 5위 수준, 2012년 말 현재)이다.

5 / 탄소 제로 도시, 마스다르

아랍에미리트에는 긴 안목을 가지고 미래를 대비하여 추진하는 프로젝트가 많다. 우리나라가 수주해 바라카(Baraka) 지역에 건설하고 있는 원자력발전소도 미래의 전력 수요에 대비하기 위한 성격을 가지고 있다. 석유와 가스가 풍부한 아랍에미리트에서 원자력발전이 좀 특이해 보이지만, 아랍에미리트는 미래의 전력 수요에 대비하여 2020년까지 전력의 30% 이상을 원자력발전과 신재생 에너지로 충당하겠다는 계획을 가지고 있다.

미래를 준비하는 프로젝트의 대표적인 예는 아부다비 정부가 추진하고 있는 마스다르 시 조성 사업이다. 마스다르(Masdar)는 아랍어로 '원천(source)'이라는 뜻이라고 한다. 아부다비 국제공항에서 자동차로 불과 5분 거리에 탄소 제로의 개념을 가지고 조성되는 신도시 마스다르는 도시 운영에 필요한 모든 에너지를 태양광이나 태양열 발전,

폐기물 발전 등 신재생 에너지로 충당하고 이곳에서 산출되는 모든 폐기물은 자체 처리한다는 두 가지 목표로 조성되고 있다.

마스다르는 전체 면적이 6.5제곱킬로미터(약 200만 평)로, 여의도 면적의 4분의 3 정도이며, 200억 달러 이상을 투자하여 조성하는 친환경 도시로 2016년 완공 예정이다. 마스다르는 경제자유구역으로 지정되어 입주 기업에 각종 세금 면제와 수입관세 면제, 외국인 소유권 100% 인정 등의 혜택이 주어진다.

2013년 현재, 마스다르에는 300여 명의 학생이 재학 중인 마스다르 대학원(Masdar Institute)이 입주해 있는데, 대부분의 학생이 기숙사 생활을 하고 있다. 마스다르 대학원이 입주해 있는 건물을 방문할 때는 3~4명이 탑승할 수 있는 소형 전기 자동차로 이동하는데, 미리 입력된 프로그램에 따라 자동으로 목적지에 도착한다. 그 밖에도 지나가는 바람을 건물 쪽으로 잡아 내리는 바람탑(Wind Tower), 기숙사 및 강의동 지붕마다 설치된 태양광 패널, 건물 사이에 서로 그늘이 지도록 일부러 좁혀놓은 골목길 등도 구경거리다. 마스다르 내에서 소요되는 전기를 공급하기 위해 넓은 부지에 설치한 태양광 패널들도 눈에 띈다.

마스다르 조성은 마스다르사(社)로 불리는 아부다비 미래 에너지(Abu Dhabi Future Energy Company)*사가 맡고 있다. 마스다르는 신재생 에너지 관련 기업이나 연구소 등을 유치하기 위해 많은 노력을 기울이고 있다. 이미 국제재생에너지기구의 본부와 독일 지멘스사를 유

---

* 마스다르사는 신재생 에너지 개발 및 투자, 상업화 등을 목적으로 2006년에 설립되었으며, 아부다비 정부 소유의 무바달라사가 지분을 100% 소유하고 있다. 이 회사의 CEO인 술탄 아흐메드 알 자베르(Dr. Sultan Ahmed Al Jaber)는 2013년 2월 아랍에미리트의 국무장관으로 임명되었으며, KIZAD 산업단지 조성과 칼리파 신항의 운영을 맡고 있는 아부다비 항만공사의 이사장직을 겸하고 있다.

마스다르 내의 전기 자동차, 보이지 않는 궤도 위를 운전자 없이 운행한다.

치했으며, 우리나라에도 일정 면적을 할애해 한국기업의 유치를 위한 설명회 개최 등을 지속하고 있다. 마스다르 측은 마스다르가 아부다비 시와 공항에 가깝고 경제자유구역으로 지정되어 있어 기업활동 여건이 좋다는 점을 강조하면서 한국의 많은 신재생 에너지 관련 기업이나 연구소들이 입주하기를 기대하고 있다. 반면, 우리나라 기업들은 부지 가격이 일반 산업단지에 비해 비싼 편이며, 아랍에미리트의 시장 여건이나 근로 조건, 생활방식 등 현지 실정에 대한 관련 정보가 부족하여 아직 낯선 지역으로의 진출이 쉽지 않다는 입장이다. 마스다르뿐만 아니라 아랍에미리트에 우리나라 기업이 많이 진출하기 위해서는 현지 시장 전망, 기업활동 정보 등을 충분히 제공하고 초기 정착을 지원하는 여러 가지 제도적 장치가 마련되어야 할 것으로 보인다.

석유가 풍부한 나라에서 탄소 배출을 없애고 미래를 대비하기 위해 노력하는 대표적인 사례가 마스다르 시 프로젝트이다. 현재 추세로 계속 발전한다면, 마스다르는 2020년경에는 많은 기업이 입주하여 활동하는 신재생 에너지 단지의 대표적인 모델 도시로 발전할 것이다. 따라서 마스다르 내 한국 비즈니스타운 조성 등에 대해 우리나라 관련 기관과 기업들도 계속 관심을 가지고 지켜볼 필요가 있다.

6 / 아부다비의 첫 금융자유구역

아부다비의 수도인 아부다비 섬 주변에는 여러 개의 섬이 있는데, 그중에 마리야*라는 섬이 있다. 원래 이름은 소와 섬이었으나, 2012년에 마리야 섬으로 바뀌었다. 이 마리야 섬에 168만 제곱미터(약 50만 평) 넓이의 '아부다비 국제금융시장(Abu Dhabi Global Financial Market)'이라는 금융자유구역이 있다.

금융자유구역으로 지정되는 경우, 보통 그 구역 내에 입주하는 금융기관들에 많은 혜택을 주도록 제도적 장치가 마련된다. 예를 들어, 법인세·소득세 등의 각종 세금이 면제되고, 자유로운 자본 송금을 보장한다. 그리고 아랍에미리트에서는 외국인이 법인이나 지점을 설립하려면 현지 파트너와 합작해야 하고 외국인의 소유권을 최대 49%

---

* 마리야는 아부다비에서 200여 킬로미터 떨어져 있는 리와 오아시스 지역에 있는 마을의 이름을 따온 것으로, 이 마을에는 오릭스(Oryx, 긴 뿔이 2개 달린 염소 모양의 동물)가 살고 있다고 한다.

까지만 인정하지만, 금융자유구역 내에서는 현지 파트너 없이 법인이나 지점을 설립할 수 있고, 외국인의 소유권도 100% 허용된다.

두바이에 있는 금융자유구역인 두바이 국제금융센터(DIFC: Dubai International Financial Center)가 2004년 설립되었으므로, 마리야 섬의 금융자유구역은 아랍에미리트에서 두 번째이고, 아부다비에서는 첫 번째가 된다. 아부다비 금융자유구역 설립을 위한 관련 연방법(Federal Decree, No.15)이 2013년 2월에 제정되었다.

아부다비 금융자유구역에는 소와 스퀘어(Sowah Square)라는 30층 규모의 큰 빌딩이 4개 있다. 이 소와 스퀘어는 아부다비의 국영기업인 무바달라가 2008년부터 6년여에 걸쳐 10억 달러 이상을 투자한 것으로, 2013년 말 현재 거의 완공되었다. 갤러리아라는 쇼핑몰에는 명품 상점들이 입주해 있어 볼거리를 제공한다. 무바달라의 관계자는 소와 스퀘어 중앙 부분에 아부다비 증권거래소(ADX)가 입주할 예정이며, 큰 건물 4개 중 하나인 실라 타워(Al Sila tower)는 90% 정도 분양되었다고 한다.

소와 스퀘어 바로 옆에는 로즈우드 호텔과 포시즌 호텔이 있으며, 미국계 의료기관인 클리블랜드 클리닉이 2014년 개원 예정으로 한창 마무리 공사 중이다. 클리블랜드 클리닉은 400여 개의 병상을 갖춘 병원으로 우리나라의 삼성물산이 시공하고 있으며, 아랍에미리트에서 가장 큰 철골 구조를 갖추고 있다고 한다.

아부다비 정부는 석유 의존도를 낮추기 위해 항공 · 철강 · 관광 · 의료 · 교육 분야를 육성하는 산업 다변화 전략을 추진하고 있는데, 그 전략 중 하나가 금융 부문의 육성이다. 아부다비 정부는 마리야 섬

아부다비 금융자유구역.

에 금융자유구역을 지정해 많은 외국 금융기관을 유치하고자 한다. 금융자유구역에서는 현지 거주민보다 외국인을 대상으로 하는 역외금융(off-shore banking)이 발달하는데, 역외금융이 발달하기 위해서는 많은 외국인의 진출과 충분한 자본 및 사회간접자본 시설의 보유, 세제 혜택 등의 여건이 갖추어져야 한다. 아부다비는 역외금융에 필요한 여러 여건을 갖추고 있어, 마리야 섬의 금융자유구역은 머지않아 역외금융 중심지의 하나로 발전할 것으로 생각된다.

그러나 한편으로는, 아부다비의 금융자유구역이 걸프 지역의 금융 허브가 되는 과정에서 바로 이웃한 두바이의 국제금융센터와 치열한 경쟁이 예상된다. 10년 전에 개설된 두바이의 국제금융센터에 약 1,000개 이상의 금융기관 및 관련 기관이 입주해 있어, 아부다비의 금융자유구역은 더 많은 외국계 금융기관을 유치하기 위한 경쟁을 벌일 것이며, 그 경쟁 과정에서 아랍에미리트의 금융 서비스 수준이 보다 높아질 것으로 기대된다.

7 / 아부다비의 자랑, 그랜드 모스크

아랍에미리트의 수도인 아부다비 섬으로 진입하는 길목*에 있는 그랜드 모스크는 웅장한 규모에 순백색이기 때문에 멀리서도 쉽게 알아볼 수 있다. 공식 이름은 셰이크 자이드 그랜드 모스크(Sheikh Zayed Grand Mosque)이며, 에티하드 항공이나 아부다비 관광개발청(Abu Dhabi Tourism & Development Authority)에서 아부다비를 소개하는 동영상에 빠지지 않고 나오는 아부다비의 상징과도 같은 건축물이다.

그랜드 모스크는 아랍에미리트 건국의 아버지로서, 지난 2004년 작고한 고(故) 셰이크 자이드 빈 술탄 알 나흐얀(Sheikh Zayed bin Sultan Al Nahyan)** 대통령의 공적을 기리기 위해 건립하였다. 지난 2007년

---

* 여의도의 8배 정도 크기인 아부다비 섬으로 들어가는 길목에는 3개의 다리가 있다. 마크타교(Maqta bridge), 무사파교(Mussafa bridge), 셰이크 자이드교(Sheikh Zayed bridge) 어디에서도 그랜드 모스크를 쉽게 볼 수 있다.

** Sheikh는 왕족을, bin은 누구의 아들, Al Nahyan은 가문을 의미하므로, 우리말로는 나흐얀 가문의 술탄의 아들, 왕족 자이드라는 뜻이다.

문을 열었지만 아직 미완성으로 모스크 주변 조경작업이 진행 중이다. 순백색 대리석으로 장식된 이 그랜드 모스크는 규모가 엄청나, 실내에서 1만 명, 실외에서 3만여 명 등 총 4만여 명이 동시에 기도를 드릴 수 있다고 한다. 그리고 4개의 이슬람식 첨탑과 82개의 왕관 모양 돔이 있다. 자이드 대통령이 특히 하얀색을 좋아했고, 하얀색은 순수함과 경건한 신앙심을 상징한다고 한다. 크고 하얀 돔의 모습은 인도의 타지마할을 연상시키기도 하는데, 실제 디자인 과정에서 타지마할을 참고했다고 한다.

그랜드 모스크는 규모*뿐만 아니라, 모스크 내부의 카펫도 유명하다. 세계에서 가장 크다는 그랜드 모스크의 카펫은 넓이가 약 6,000제곱미터(1,700여 평)로 이음새 없이 전체가 하나로 이루어져 있으며, 이란에서 1,000명 이상의 장인이 2년여에 걸쳐 손으로 직접 만들었다고 한다. 그랜드 모스크 내부에 있는 거대한 샹들리에도 방문객들의 눈길을 사로잡는다. 독일의 한 업체가 제작하였는데, 7개의 샹들리에 중 가장 큰 것은 10톤이 넘는다고 한다. 그렇게 무거운 샹들리에가 어떻게 천장에 매달려 그 무게를 지탱하는지 궁금증이 들게 한다. 이 샹들리에는 조명 때문에 낮보다 밤에 더 아름답다.

그랜드 모스크에는 실외에 기도를 드릴 수 있는 넓은 공간이 있는데, 바닥은 모두 하얀 대리석으로 되어 있다. 이탈리아에서 수입한 대리석으로, 한여름 뜨거운 태양 아래에서도 쉽게 달궈지지 않는다고 한다. 이 대리석은 실제로 만져보면 동양의 옥처럼 냉기가 감돈다. 모

---

* 아부다비 그랜드 모스크는 아랍에미리트에서 가장 큰 모스크이며, 한때는 세계에서 3번째로 크다고 했으나 최근 대형 모스크들이 계속 등장해 현재는 10번째 안에 드는 모스크라고 한다.

스크의 실내는 온통 대리석으로 장식되어 있는데, 꽃과 기하학 도형의 디자인이 대단히 아름답다. 이슬람에서는 우상숭배를 하지 못해 사람 모양의 그림이나 조각은 허용되지 않는다. 이에 따라 기하학적인 디자인이나 꽃 모양의 디자인으로 벽을 장식하였다. 모스크의 기둥이나 벽면에 있는 대리석은 홈을 판 뒤 세계 여러 나라에서 수입한 다양한 색조의 대리석을 채워 넣거나, 돋을새김을 하여 거대한 부조 같은 모양을 만들었는데, 우리나라 고려청자의 상감기법을 연상시킨다. 대리석 이외에 레바논산 백양목으로 만든 장식도 곳곳에 보이는데, 그랜드 모스크에 있는 모든 자재는 세계 각국의 특산물 모음집처럼 보인다. 이것은 세계의 화합과 상호 개방을 상징하는 의도가 설계 과정에 반영되었기 때문이다.

그랜드 모스크 안에는 기도를 드리는 시간이 곳곳에 표시되어 있다. 모스크 내부에 있는 기도 시간을 보면서, 아랍어를 모르는 방문객들 사이에서 종종 다툼이 일어나기도 한다. 하루에 다섯 번의 기도*를 드리는데, 이 기도 시간 표시판에는 6개의 시각이 표시되어 있기 때문이다. 표시된 6개의 시각 중 하나는 일출 시각이라고 한다. 그랜드 모스크도 여느 모스크와 다름없이 정면은 성지인 메카 방향을 바라보게 되어 있다. 그 정면에 흰색과 금색만으로 이루어진 장식이 있는데 흰색은 젖, 금색은 꿀을 상징하는 것으로, 젖과 꿀이 흐르는 곳인 성지를 의미한다.

아부다비의 그랜드 모스크는 에미리츠 팰리스 호텔과 함께 방문객

---

* 5번의 기도는 파지르(Fajr, 새벽기도), 두흐르(Dhuhr, 정오기도), 아스르(Asr, 오후기도), 마그하리브(Magharib, 일몰후기도), 이샤(Isha, 야간기도)이다. 지역에 따라 각각의 기도 시간이 다르다.

이 많이 찾는 아부다비의 대표적인 명소이다. 대부분의 모스크들이 비무슬림의 출입을 제한하지만, 아부다비의 그랜드 모스크는 문화적 개방성을 상징하듯, 예외적으로 외국 방문객에게도 개방되어 있다. 단, 기도시간에는 일시적으로 비무슬림의 출입이 제한된다. 복장에도 제한이 있는데, 여성은 전통의상인 검은색 아바야를 입어야 하고, 남성은 반바지 차림이 금지되어 있다. 다행히 모스크 입구에서 아바야와 남성용 바지를 대여해주어 헛걸음하지는 않는다. 또한 모스크 안에서는 신발을 벗어야 한다. 신발을 벗어놓고 들어가면 다소 불안할 수도 있지만, 신발을 잃어버렸다는 얘기는 들어본 적이 없다.

그랜드 모스크의 경내에는 일반 관광객의 눈에 잘 띄지 않는 곳에 아랍에미리트 건국의 아버지인 셰이크 자이드의 묘소가 자리 잡고 있다. 역시 흰색의 조그마한 묘소인데, 너무나 검소한 모습이어서 오히려 인상적이다. 아무런 장식도 없고 누구의 묘라는 표시판도 없이 단순한 직사면체로 되어 있을 뿐이다. 코란을 낭독하는 소리가 울려 퍼지는 그랜드 모스크 내에 오늘날의 아랍에미리트를 만들어낸 위대한 초대 대통령이 조용히 안치되어 있다.

8 /
금(金)을 테마로 한
에미리츠 팰리스 호텔

7개 에미리트로 구성된 아랍에미리트연합의 가장 큰 에미리트인 아부다비의 수도이자 정치·경제 활동의 중심지인 아부다비 섬의 끝자락 해변 코니시(Corniche)에는 거대한 돔을 가진 왕궁 모양의 건축물이 있다. 아부다비의 해변을 찾는 방문객들은 누구나 눈에 쉽게 띄는 이 웅장한 돔 건물을 바라보면서 궁금해한다. 그 건물은 아부다비 정부가 소유하고, 국제적인 호텔 운영업체인 켐핀스키 그룹이 위탁을 받아 운영하고 있는 에미리츠 팰리스 호텔이다.

에미리츠 팰리스 호텔은 두바이에 있는 부르즈 알 아랍 호텔과 함께 7성 호텔로 불리며 아부다비를 상징하는 대표적인 건물로 알려져 있다. 에미리츠 팰리스 호텔 내부 장식의 주요 테마는 금(金)이다. 호텔 관계자에 따르면, 호텔 천장은 얇은 금박으로 도포되어 있고, 호텔 전체를 치장하는 데 총 8톤의 금이 사용되었으며, 호텔의 유지 보수와

아부다비를 대표하는 에미리츠 팰리스 호텔.

먹거리 장식 등에 사용하기 위해 매년 10킬로그램 이상의 금을 구매한다고 한다.

　호텔의 중앙부 돔 모양의 지붕을 중심으로 대칭적인 양쪽 날개에 일반 객실이 배치되어 있고, 최고급의 스위트룸은 중앙부 돔*에 위치하고 있다. 에미리츠 팰리스 호텔의 일반 객실은 302개, 스위트룸은 92개로 총 394개의 객실이 있는데, 넓은 대지 위에 지어진 호텔치고는 객실이 상대적으로 적다. 객실의 가격은 수시로 바뀐다. 여름철보다는 관광객이 몰려드는 겨울철에 더 비싸다. 참고로, 성수기로 접어드는 11월경 일반 객실의 가격은 약 80만 원 수준이며, 큰 방 3개와 응접실 등으로 구성된 최고급 스위트룸은 때에 따라 2,000만 원을 넘기

---

* 에미리츠 팰리스 호텔 중앙부의 돔에는 각종 연회 룸과 식당, 1,000여 명 수용 규모의 오디토리엄(Auditorium) 등이 있다.

도 한다. 이처럼 높은 가격에도 불구하고 에미리츠 팰리스 호텔은 전 세계에서 몰려든 관광객들로 항시 붐비며, 호텔 카페에서는 세계적으로 유명한 영화배우들도 가끔 눈에 띈다.

에미리츠 팰리스 호텔 4층의 메인 로비에는 두 가지 구경거리가 있는데, 금 자판기와 금가루 커피를 파는 카페이다. 금 자판기에서는 금으로 만든 메달을 실시간 금 가격으로 살 수 있는데, 그 가격은 금의 무게에 따라 20만 원에서 600만 원 정도이고, 신용 카드로 현장에서 바로 구매할 수 있다. 금 자판기 바로 옆의 개방된 공간에 위치한 카페에서는 금가루로 장식된 커피를 한 잔에 50디르함(약 1만 5,000원)에 판매한다. 금가루 커피의 이름은 에미리츠 카푸치노이다. 한 번은 그 카페에서 금가루 커피를 주문하기 위해 '골드 카푸치노(gold cappuchino)'라고 했더니, '냉 카푸치노(cold cappuchino)'를 가져온 적이 있으니 주문할 때 주의해야 한다.

9 / 사막 한가운데의 호텔과 수영장

아부다비에서 남쪽으로 200여 킬로미터, 자동차로 2시간이 소요되는 사막 한가운데에 카스르 알 사랍(Qasr Al Sarab)이라는 호텔이 있다. 이 호텔은 아랍에미리트와 사우디아라비아 국경 지역의 오아시스 도시 리와 근처에 자리잡고 있는데, 카스르(Qasr)는 아랍어로 성(城)이고, 사랍(Sarab)은 신기루를 뜻하니, '신기루의 성'이라는 의미를 가지고 있다.

아부다비에서 리와 사막 방향으로 연결되는 큰 도로에서 샛길로 빠져 수 킬로미터에 이르는 진입로를 달려야 나타나는 이 호텔은 시야가 닿는 온 사방이 끝없는 모래언덕과 사막으로 둘러싸여 있으며, 200여 개의 객실과 수영장을 갖추고 있다. 호텔 바로 앞 모래언덕은 한낮에는 맨발로 걸을 수 없을 정도로 뜨거우며, 경사가 심한 곳에서는 몇 미터 아래로 뛰어내려도 모래 입자가 고와 충격을 상당 부분 흡수한다.

'신기루의 성'이라는 뜻을 가진 카스르 알 사랍 호텔.

달이 없는 밤에는 많은 별을 볼 수도 있다.

고요한 사막 한가운데에 있는 이 호텔을 바라보면, 자연의 경이로움과 함께 사막을 활용하는 인간의 능력에 감탄을 금할 수 없다. 또 한편으로는 수영장의 물은 어디서 어떻게 가져왔을까, 사막의 모래바람에 진입도로가 막히는 일은 없을까, 호텔 운영에 수익이 날까 등등 여러 가지 궁금증이 생긴다.

아부다비는 필요한 물의 거의 전부를 바닷물을 담수화하여 충당하고 있다. 통계를 찾아보니, 아부다비는 2012년 현재 우리나라 소양강 댐의 용수 공급능력과 비슷한 수준의 담수화 능력을 가지고 있다. 아부다비의 하루 담수 생산능력은 약 31억 리터이고, 하루 물 소비량은 약 29억 리터이다.* 참고로, 아부다비의 1인당 하루 물 소비량은 1,033리터** 수준인데, 이 통계에는 호텔 수영장을 비롯한 상업용과 산업용, 농업용 등의 물까지 포함되어 있다.

바닷물을 담수화하여 수백 킬로미터 떨어진 사막 한가운데로 가져와 사용하는 것인데, 어마어마한 투자와 노력이 필요했을 것이다. 이 호텔은 국제적인 호텔 전문기업인 태국의 아난타라(Anantara)에서 운영하고 있는데, 중국과 일본, 서양 등지에서 관광객들이 꾸준히 몰려오고 있다. 호텔 가격이 여름철에는 다소 싸고, 겨울철에는 비싼 것으로 보아 적자 운영은 아닌 듯하다.

사막 한가운데에 호텔과 수영장을 만들어 관광자원으로 활용하는 것인데, 사막에서도 부가가치를 창출해내는 의지와 창의력에 존경심이 절로 우러나온다.

---

* Statistics Center—Abu Dhabi (2013. 9), Statistical Yearbook of Abu Dhabi 2013. 《아부다비 통계연보》의 수치(임페리얼 갤런)를 리터로 환산한 수치이다. 아부다비의 하루 담수 생산능력 31억 리터는 310만 세제곱미터에 해당되며, 무게로는 310만 톤(연간 11억 톤) 규모이다. 참고로, 우리나라 소양강 댐의 연간 농·공업용 용수 공급능력은 12억 톤으로 알려져 있다.
** 아부다비 통계연보상 1인당 하루 물 소비량(273갤런)의 환산 수치이다. 참고로 2011년 말 현재 전용 공업용수를 제외한 우리나라의 1인당 하루 급수량은 335리터 수준이다(환경부 상수도 통계).

10 / 250년 된 카스르 알 호슨 성

아부다비 시내의 바닷가 쪽에 카스르 알 호슨(Qasr Al Hosn)이라는 오래된 성채가 있다. 그리고 그 성 바로 옆에 카스르 알 호슨 전시관(Qasr Al Hosn Exhibition)이 2013년 2월 말 개관하였다. 카스르(Qasr)는 앞에서도 얘기했듯이 아랍어로 성(城)이라는 뜻이고, 호슨(Hosn)은 요새(fort)라는 뜻이다. 카스르 알 호슨은 아부다비의 통치자가 거주하던 일종의 궁이자 성으로, 약 250년 전인 1760년대 초반부터 진흙으로 만들어지기 시작하였다.

지금은 아부다비 에미리트의 인구가 약 200만 명을 넘고, 그중 100만 명 내외가 수도인 아부다비 섬에 거주하고 있지만, 250년 전에는 1년 내내 아부다비 섬에 거주하는 사람이 없었다. 물론 여름철에는 진주잡이를 위해 사람들이 잠시 거주했지만, 평상시에는 아부다비 섬과 150킬로미터 이상 떨어진 리와나 알아인 지역에서 대부분 거주했다.

카스르 알 호슨 성 앞에서의 군무(群舞).

　1760년대 초반에 마실 물이 약간 발견되어, 당시 통치자들이 아부다비 섬으로 이주하기 시작하였다고 한다. 하지만 상시 거주하는 형태의 이주는 아니었을 것이며, 리와 지역과 아부다비 섬을 오가다 점점 아부다비 섬에 거주하는 기간이 늘어났을 것이다. 이때부터 진흙과 대추야자나무 등을 활용하여 카스르 알 호슨 성을 건축하기 시작하였고, 이 성은 지금도 아부다비 시내에 남아 있다. 그리고 카스르 알호슨 성 바로 옆에 개관한 전시관에서는 아부다비의 역사와 문화를 한눈에 볼 수 있어 한번 방문해볼 만하다.

　카스르 알 호슨 전시관을 개관하면서 여러 기념행사가 열렸는데, 그중에 아랍에미리트에서 구전으로 전해져 내려오는 옛날이야기를 들려주는 프로그램도 있었다. 그 옛날이야기의 한 내용은 다음과 같다.[*]

---

[*] Caline Malek (2013. 3. 5), Qasr al Hosn Festival, *The National*, 4면.

파티마(Fatima)라는 한 소녀가 아빠와 계모, 그리고 계모의 두 딸과 살고 있었는데, 하루는 아빠가 바다로 나간 뒤 돌아오지 않았다. 파티마는 마음씨 나쁜 계모에게 구박을 받으며 온갖 집안일을 하게 되었다.

파티마는 매일 바닷가에 나가 돌아오지 않는 아빠에게 도와달라고 빌었는데, 어느 날 물고기가 바다에서 나타나, 신께 아빠를 만나게 해달라는 소원을 빌라고 했다. 파티마가 아빠를 만나게 해달라고 소원을 빌자, 그 물고기는 파티마를 바닷속 용궁으로 데려가 아빠와 만나게 해주었다. 이 이야기는 《콩쥐팥쥐전》,《심청전》,《별주부전》이 한데 뒤섞인 듯한 인상을 준다. 우리나라와 아랍에미리트가 멀리 떨어져 있음에도 바닷속 용궁에 대한 상상과 설정, 이야기의 구조가 신기하게도 닮아

아부다비의 통치자들

1760~1793년	H. H. Sheikh Dhiyab bin Isa
1793~1816년	H. H. Sheikh Shakhbut bin Dhiyab
1816~1818년	H. H. Sheikh Muhammad bin Shakhbut
1818~1833년	H. H. Sheikh Tahnoon bin Shakhbut
1833~1845년	H. H. Sheikh Khalifa bin Shakhbut
1845~1855년	H. H. Sheikh Said bin Tahnoon
1855~1909년	H. H. Sheikh Zayed bin Khalifa
1909~1912년	H. H. Sheikh Tahnoon bin Zayed
1912~1922년	H. H. Sheikh Hamdan bin Zayed
1922~1926년	H. H. Sheikh Sultan bin Zayed
1926~1928년	H. H. Sheikh Saqr bin Zayed
1928~1966년	H. H. Sheikh Shakhbut bin Sultan
1966~2004년	H. H. Sheikh Zayed bin Sultan
2004년~현재	H. H. Sheikh Khalifa bin Zayed

있다.

카스르 알 호슨 전시관에는 1760년부터 현재에 이르기까지 아부다비의 역대 통치자들을 연대별로 표시해놓은 기록이 있다. 이 기록을 볼때 한 가지 알아두면 이해하기 수월한 것이 아랍어 이름이다. 아랍어 이름에는 누구의 아들이라는 의미의 '빈(bin)'이 사용되는데, 이를 알고 보면 아부다비 통치자들의 계보뿐만 아니라 일반인들의 이름과 가족관계 등을 이해하는 데 많은 도움이 된다.

4부

창조적 국가 경영:
두바이

야자수 모양의 인공 섬 '팜 주메이라', 세계지도 모양의 인공 섬 '더 월드', 돛단배 모양의 7성 호텔 부르즈 알 아랍, 사막 위의 실내 스키장 건설 등으로 세계를 놀라게 한 두바이는 글로벌 경제위기와 2009년 채무 상환 유예 선언 등으로 버블 붕괴의 위기를 맞기도 했다. 그러나 '아랍의 봄' 이후 중동의 안전지대라는 명성을 되찾으면서 최근 빠른 경기 회복과 세계 각국에서 오는 방문객으로 다시 북적이고 있다. 2010년 이후 세계 최고층 빌딩의 위치를 지켜오고 있는 부르즈 칼리파 주변은 연말연시가 되면 외국 관광객들의 주요 방문지가 되어 발 디딜 틈이 없다. 여기에 최근 2020년 세계 엑스포 유치에 성공하면서 두바이는 다시 한 번 도약의 계기를 마련했다. 2009년의 실패를 되풀이하지 않기 위해 '기본에 충실'할 것을 다짐하는 두바이 정부의 의지가 새로운 개발 수요와 어떻게 조화를 이루어갈지 주목된다.

1 / 두바이의 역사

사막 위에 신천지로 우뚝 선 두바이는 우리에게 친숙하다. 비록 2009년 경제위기를 겪기는 하였으나, 두바이는 2000년대 후반까지 높은 경제성장을 이루었고, 경제위기 이전에는 수많은 건설공사로 세계 크레인 10대 중 3대는 두바이에 있다고 할 정도였다. 여전히 두바이를 방문하는 사람들은 높은 개방성과 창조의 정신으로 만들어놓은 두바이의 마천루를 경이로운 눈빛으로 바라본다. 실제로 두바이는 아랍에미리트 경제에서 중요한 부분을 차지하는데, 약 4,000제곱킬로미터(서울의 약 7배)의 면적에 인구는 200여만 명으로 약 1,000억 달러의 GDP 규모를 가지는 것으로 추정된다. 아랍에미리트 연방통계청의 2011년도 인구 통계에 따르면, 두바이에 살고 있는 자국인은 17만여 명이므로 사실상 두바이 인구의 대부분이 외국인인 셈이다. 인도인, 파키스탄인, 이란인 등이 가장 많은 비중을 차지한다.

두바이가 교역 활동과 비즈니스의 중심으로 성장하기 시작한 것은 19세기 초반 알 막툼 가문이 이주해오면서부터다. 1800년대 초반까지 두바이는 카라반(隊商)이 잠시 들르는 지역이었으며, 소규모의 진주 채취와 어업 활동이 이루어졌다.

현재 두바이의 통치자인 알 막툼 가문의 조상은 원래 아부다비의 리와 지역에 살면서 다른 가문들과 함께 바니야스라는 부족 연합을 이루고 있었다. 그러다가 1833년 알 막툼 가문의 조상이 아부다비에서 두바이로 이주해 정착하면서 독립하였다고 한다. 두바이는 지리적으로 이란과 가깝고, 폭이 그다지 넓지 않은 크리크(creek, 內海)가 두바이 내부 쪽으로 들어와 있으며, 자연적인 항구가 발달해 19세기 중반부터 각종 물자가 들어오고 나가는 교역의 중심지로 성장하였다.

1966년 두바이에서 처음으로 석유가 발견되었고, 1971년 아부다비와 함께 연방국을 이루면서 당시 아부다비의 통치자는 연방의 대통령, 두바이의 통치자는 연방의 부통령으로 선출되었다. 현재 두바이의 통치자이자 연방 부통령 겸 총리인 셰이크 모하메드는 지난 2006년 형인 셰이크 막툼으로부터 그 자리를 승계*하였다.

두바이는 19세기 중반부터 자유로운 비즈니스 환경을 조성해 교역과 관광의 중심지로 발전해왔다. 자유무역지역을 개설하는 등 개방성

---

* 1900년대 두바이의 통치자는 다음과 같다.

1912~1958년	H. H. Sheikh Saeed bin Maktoum Al Maktoum
1958~1990년	H. H. Sheikh Rashid bin Saeed Al Maktoum
1990~2006년	H. H. Sheikh Maktoum bin Rashid Al Maktoum
2006년~	H. H. Sheikh Mohammed bin Rashid Al Maktoum

을 바탕으로 2000년대 중반까지 고속성장을 해왔다. 2009년 경제위기를 겪었으나, 2012년부터는 본격적인 회복세를 보이고 있다. 2012년에 두바이를 찾은 관광객은 1,000만 명을 넘었고, 세계 엑스포가 열리는 2020년에는 2,000만 명 이상의 관광객 유치를 목표로 하고 있다. 2012년에 5,800만 명이 이용한 두바이 국제공항은 2013년 2월 여객 기준으로 런던 히스로 공항에 이어 세계 2위 공항으로 기록되었다. 두바이 공항에 가보면, 밤새도록 몇 분 간격으로 비행기가 계속 이착륙한다. 2012년부터 부동산 가격도 회복세를 보여 팜 주메이라나 에미리트 힐(Emirate Hill) 같은 고급 주거 지역을 중심으로 20% 이상 상승했다고 한다.

19세기 중반부터 현재에 이르기까지 개방정신과 도전의식, 창의성을 바탕으로 사막에서 이룩한 두바이의 경제 신화가 앞으로도 지속되기를 기대해본다.

2 / 두바이 경제위기의 교훈

중동 지역에서 가장 발전된 도시 중 하나가 두바이다. 두바이는 아랍에미리트에서 처음으로 자유무역지역(Jebel Ali)을 개설하는 등 개방적인 문화를 가지고 있으며, 중동과 북아프리카 및 유럽을 연결하는 지리적 이점을 바탕으로 부르즈 알 아랍 호텔, 인공 섬인 팜 주메이라, 세계 최고층 빌딩인 부르즈 칼리파 등 많은 관광명소를 개발했다. 두바이 국제공항은 이미 2011년에 5,000여만 명의 여객이 이용하여, 여객 기준으로 인천국제공항보다 훨씬 높은 세계 4위를 차지하였다.

두바이는 아랍에미리트연합을 이루는 7개 토후국 중에서 아부다비에 이어 두 번째로 큰 토후국*으로, 걸프 지역의 무역, 교통, 관광, 금융

---

* 아랍에미리트의 전체 면적은 약 8만 3,000제곱킬로미터로 이중 아부다비(약 7만 제곱킬로미터)가 전체 면적의 80% 이상을 차지하고 있으며, 두바이(약 4,000제곱킬로미터), 샤르자(약 3,000제곱킬로미터), 라스알카이마(약 2,500제곱킬로미터), 후자이라(약 1,500제곱킬로미터), 아지만(약 300제곱킬로미터) 순이다.

두바이의 관광명소인 부르즈 알 아랍 호텔과 팜 주메이라의 모습.

의 중심 지역이다. GDP는 아부다비의 절반 수준인 약 1,000억 달러 내외로 추정된다.

두바이의 경제는 도소매업, 제조업, 교통과 통신 및 물류, 부동산 비즈니스, 금융, 건설, 석유·가스와 같은 광업 등의 분야에 다원화되어 있으며, 이 중 어느 특정 분야도 두바이 GDP의 3분의 1을 넘지 않는다.

두바이는 석유 매장량이 거의 없어 경제발전 여건이 우호적이지 않으나 관광·교통물류·부동산 개발을 결합한 경제발전 모델을 창출해 경제위기를 겪기 이전까지는 높은 성장세를 보였으며, 중동 지역 발전의 모델 사례로 자주 인용되곤 하였다.

두바이는 세계 최고, 최대의 수식어가 붙은 인공 구조물을 다수 만들었다. 삼성물산이 시공한 세계에서 가장 높은 부르즈 칼리파 빌딩(828미터, 162층), 부르즈 칼리파 빌딩에 입점해 세계에서 가장 높은 곳에 위치한 레스토랑 앳모스피어(At.mosphere, 422미터), 세계에서 매장 면적이 가장 넓은 쇼핑몰인 두바이 몰(Dubai Mall, 111만 제곱미터), 대추야자 나무를 본떠서 만든, 세계에서 가장 큰 인공 섬 팜 주메이라(직경

5.5킬로미터), 세계에서 가장 높은 호텔인 메리어트 마퀴스(JW Marriott Marquis Hotel, 355미터, 72층) 등이 대표적이다.

그러나 두바이 경제는 지난 2009년, 우리나라가 1997년에 겪었던 IMF 위기와 같은 경험을 했다. 2009년 11월 말 국영기업인 두바이 월드(Dubai World)와 그 자회사인 낙힐(Nakheel, 팜 주메이라 개발업체)이 250억 달러 규모의 채무 상환을 유예해주도록 채권단에 요청했다. 차입을 통해 부동산에 지나치게 의존했던 성장이 글로벌 경제위기와 맞물려 위기를 맞은 것이다. 경제위기는 아부다비로부터 약 250억 달러에 달하는 긴급 재정 지원과 채권단과의 만기 연장 협상을 통해 해결되었으나,* 두바이의 부동산 가격은 50~60% 이상 폭락했다. 경제위기 이후 두바이에서는 부동산에 대한 지나친 의존을 줄이고, 두바이의 전통적인 강점인 교역 · 물류 · 관광에 중점을 두자는, 즉 기본에 충실(back to basics)하자는 자성론이 나오기도 하였다.

한편, 두바이의 경제는 2012년 이후 점차 회복세를 보이고 있다. 중동 전역이 '아랍의 봄(재스민 혁명)'을 겪으면서, 두바이가 상대적으로 가장 안전한 지역이며 발달된 인프라를 갖추고 있다는 인식에 따라 중동 지역의 자금이 계속 유입되었다. 2012년에 두바이 국제공항을 이용한 여객이 5,800만 명에 이르렀고, 두바이를 찾은 관광객은 두바이 인구의 5배인 1,000만 명 가까이 되었다. 두바이의 전통 산업인 재교역과 물류 부문에서도 강한 성장세를 보였다. 특히, 팜 주메이라나 에

---

* 2010년 10월 27일 완료된 채무 재조정 협상 결과, 총 90개 국내외 은행들과 144억 달러에 달하는 채무의 만기 연장 조치가 이루어졌으며 이 중 44억 달러는 5년간, 100억 달러는 8년간 만기 연장되었다. 우리나라는 1997년 외환위기 때 대외 채무 만기를 1~3년간 연장하는 것으로 국제 채권단과 협상한 바 있다.

미리트 힐 등 고급 주택 지역에서는 주거용 부동산이 회복세를 보여 2012년에는 전년 대비 20% 이상 상승하였다고 보도되었다.

두바이의 경제가 빠르게 회복되고 있기는 하지만, 위험 요인이 완전히 사라진 것은 아니다. 현재까지도 두바이 정부와 국영기업들의 채무는 1,000억 달러가 넘는 것으로 추정되고, 경제위기 이후 채무 재조정을 통해 채무 상환 만기의 상당 부분을 5~8년 연장해놓은 것이므로 채무 상환은 두바이 정부가 해결해야 할 과제로 남아 있다.

두바이가 겪은 성장과 위기는 많은 것을 생각하게 해준다. 두바이는 생존과 번영을 위해 사막 위에 세계 최고, 최대 부동산과 인공 구조물을 만드는 것이 결코 무모한 일만은 아니라는 것도 보여주었다. 세계 최고의 부르즈 칼리파 빌딩 앞에는 두바이의 명소로 알려진 두바이 분수(Dubai Fountain)가 있고, 그 주위로 두바이 몰과 아랍 전통 상점인 수크 알 바하르(Souk Al Bahar)와 여러 호텔이 몰려 있어 볼거리가 많다. 이것들을 보기 위해 매일 수많은 관광 인파가 전 세계에서 몰려든다. 없으면 만들어서 관광객을 끌어들이는 것이다. 공급이 수요를 창출한다는 말을 실감케 한다.

두바이의 국제금융센터에 근무하는 한 사람은 두바이의 경제위기에 대해 다음과 같은 말을 해주었다. "두바이가 2009년에 값비싼 경험을 했으나 그것은 발전 과정에서 겪는 많은 경험 중 하나라고 생각하며, 무에서 유를 창출하는 도전과 개척정신은 앞으로도 높이 평가되어야 한다. 그리고 그간 투자된 자금들은 부동산 형태이기는 하나 두바이의 자산으로 여전히 남아 있으며, 이 자산들은 앞으로 두바이의 경제를 지탱하고 방문객을 끌어들이는 데 활용될 것으로 본다."

3 / 다시 살아나는 대형 프로젝트들

2009년에 경제위기를 겪은 두바이는 2011년 이후 아랍의 봄을 거치면서 점차 회복세를 보였고, 2012년 말에는 보다 자신감을 되찾은 듯하다. 두바이 국제공항을 이용한 여객은 2011년 5,100만 명에서 2012년 5,800만 명으로 늘어났고, 호텔 투숙객은 2011년 930만 명에서 2012년 1,000만 명으로 늘었다.

이러한 상황에서 두바이 정부는 2012년 11월 말부터 2013년 초에 걸쳐 그간 경제위기로 추진이 연기되었거나 새로 시작하는 다수의 대형 프로젝트의 추진 계획을 발표하였다. 주요 프로젝트들을 소개하면 다음과 같다.

첫 번째는, 100여 개의 호텔과 세계 최대 쇼핑몰이 들어서는 거대 도시로 공원과 미술관, 유니버설 스튜디오 등을 함께 건설하는 '모하메드 빈 라시드 시티(Mohammed bin Rashid City)' 프로젝트다. 부르즈 칼리파 인근 부지에 건설되며, 당초 2008년에 프로젝트 추진이 발표되었으나 그동안 연기되었다가, 2012년 11월에 사업 재개가 승인되었다.

두 번째는, 관광명소가 된 마디낫 주메이라(Madinat Jumeirah) 호텔 인근 지역에 추가적으로 호텔과 빌라 단지, 상업시설 등을 건설하는 '마디낫 주메이라 확장 사업(Madinat Jumeirah Expansion)'이다. 마디낫 주메이라 호텔은 7성 호텔인 부르즈 알 아랍 호텔 인근에 위치하는데, '마디낫 주메이라 확장 사업'은 약 6억 8,000만 달러(25억 디르함) 규모로 2015년에 완공될 계획이다.

세 번째는, 세계 최고층 빌딩인 부르즈 칼리파로부터 도심을 관통하여 아라비아 만으로 연결되는 총길이 2.8킬로미터, 폭 80~100미터의 운하 건설(Business Bay Canals) 프로젝트다. 약 4억 달러(15억 디르함) 규모로, 2013년 상반기에 착공하여 2015년 완공할 계획이다.

그 외에도 두바이 크리크에 길이 120미터, 수면에서 17미터 높이로 부르 두바이(Bur Dubai) 지역과 신다가(Shindagha) 지역을 연결하는 보행용 다리를 건설하는 사업 등 많은 프로젝트들이 발표되었다.

한편, 2013년 2월 두바이 정부는 세계 최고의 전망대 건설 사업을 포함한 블루워터 섬(Blue Water Island) 프로젝트를 발표하였다. 블루워터 섬 프로젝트는 높이 210미터의 회전차 모양의 전망대인 두바이 아이(Dubai Eye) 건설을 포함해, 각종 주거시설 및 병원 등이 들어서는 관광·레저 중심의 섬을 개발하는 사업으로, 주메이라 비치 주거지역에 약 16억 달러(60억 디르함)를 투입하여 2016년에 완공할 예정이다.

2012년 말부터 2013년 초에 걸쳐 발표된 두바이의 대규모 프로젝트들은 관광 인프라에 투자함으로써 전통 산업인 관광을 뒷받침하기 위한 것으로 보인다. 한편으로는 경제위기 이후 최근 경기 회복세에 따른 자신감에서 비롯된 면도 있는 듯하다. 한편 두바이는 2013년 11월 27일, 프랑스 파리에 본부를 두고 있는 국제박람회기구(BIE: Bureau International Expositions)의 2020년도 세계 엑스포 개최 도시 결정 투표에서 러시아와 터키 등의 경쟁국을 제치고 세계 엑스포 개최 도시로 선정되었기 때문에, 이들 대규모 프로젝트 계획들은 더욱 빨리 추진될 것으로 보인다. 이들 프로젝트들이 두바이 정부가 발표한 계획대로 진행된다면, 2015년 이후 두바이에는 볼거리가 훨씬 더 많아질 것이다.

4 / 두바이의 국영기업들

두바이에서 떠오르는 대표적인 국영기업으로는 세계 최대 규모의 항공사 중 하나인 에미리츠 항공, 우리나라의 부산 신항만을 비롯해 런던·호주·홍콩 등의 항만 운영권을 가지고 있는 두바이 포트 월드(DP World), 팜 주메이라 조성으로 유명한 낙힐, 세계 최고층 건물인 부르즈 칼리파의 소유주 에마르 부동산(Emaar Properties) 등이 있다. 이외에도 두바이에는 자산투자·은행·부동산·항공·항만·알루미늄 제조 및 경제자유구역 운영 등 다양한 분야에 걸쳐 많은 국영기업들과 그 자회사들이 있다.

이들 국영기업들은 정부의 자금 지원 등을 바탕으로 두바이의 개발을 선도해왔고 두바이의 높은 경제성장을 이루는 데 큰 역할을 담당해왔다. 그러나 한편으로 두바이의 국영기업들은 외부로부터의 과다한 차입과 부동산에 지나치게 의존해 경제위기를 초래하기도 하였다.

2009년 11월 두바이 월드와 그 자회사인 낙힐이 채무 상환에 지불을 유예한 것이 그 예이다. 경제위기를 겪은 이후 두바이 국영기업들은 보다 기본에 충실하면서, 철저하게 수익성을 바탕으로 사업을 추진하고 있다.

두바이의 국영기업들은 크게 두바이 홀딩, 두바이 월드, 두바이 투자공사(ICD)의 3개 지주사가 나누어 소유하고 있다. 이 중 두바이 홀딩은 두바이 통치자(셰이크 모하메드)의 소유이고, 두바이 월드와 두바이 투자공사는 두바이 정부가 소유하고 있다.

먼저, 두바이 홀딩은 주로 부동산과 레저, 금융 부문에 투자하는 기업들을 소유하고 있다. 두바이 홀딩은 아래에 2개의 큰 기업을 통해 여러 자회사를 소유하고 있는데, 부동산 관련 기업에 투자하는 DHCOG(Dubai Holding Commercial Operations Group)와 주로 금융투자 관련 기업에 투자하는 DHIG(Dubai Holding Investment Group)이다. 지주사의 자회사가 또 다른 자회사들을 가지고 있어 소유 관계가 다소 복잡하다. 예를 들면, 부르즈 알 아랍, 주메이라 비치, 마디낫 주메이라 등 두바이의 유명한 여러 호텔을 소유하고 있는 주메이라 그룹을 DHCOG가 소유하고, DHCOG를 다시 지주사인 두바이 홀딩이 소유하고 있는 것이다. 두바이 홀딩의 자회사인 DHCOG가 소유하고 있는 기업들로는 주메이라 그룹 이외에도 두바이 부동산 그룹(Dubai Properties Group), TECOM 투자(TECOM Investments) 등이 있다. 두바이 홀딩의 또 다른 자회사인 DHIG는 금융기관인 두바이 금융그룹(Dubai Banking Group), SHUAA 캐피털(SHUAA Capital), 두바이 인터내셔널 캐피털(Dubai International Capital) 등을 소유하고 있다.

두바이 정부가 소유하고 있는 두바이 월드는 주로 항만과 조선, 경제자유구역 운영, 부동산 등과 관련된 기업들을 가지고 있다. 두바이 월드가 대주주로 있는 두바이 포트 월드는 세계 여러 나라의 항만 운영에 투자하고 있는데, 우리나라의 부산신항만주식회사의 대주주*이기도 하다. 두바이 월드는 두바이 포트 월드 이외에 선박 건조 회사인 드라이독스 월드(Drydocks World), 해양 관련 경제자유구역인 두바이 마리타임 시티(Dubai Maritime City), 부동산 개발 및 투자업체인 낙힐과 리미틀리스(Limitless), 제벨 알리 자유무역지역, 부동산 투자와 경제자유구역 관리를 담당하는 이코노믹 존스 월드(Economic Zones World) 등을 자회사로 가지고 있다.

두바이 정부가 소유하고 있는 또 다른 지주사인 두바이 투자공사는 두바이의 국영기업들 중 재무구조와 수익성이 양호한 우량기업들을 많이 가지고 있는데, 주로 항공 및 은행 관련 기업들이다.

두바이 투자공사가 최대 주주인 에미리츠 NBD 은행**은 아랍에미리트에서 자산 규모가 가장 큰 은행이다. 우리나라와 두바이를 운항하고 있는 에미리츠 항공은 두바이 투자공사가 지분의 100%를 가지고 있으며, 아랍에미리트 최대 알루미늄 제조업체인 두바이 알루미늄도 두바이 투자공사가 지분을 100% 소유하고 있다. 두바이 투자공사는 또한 석유 개발 회사인 ENOC(Emirates National Oil Company), 부동산 개발 회사인 에마르 부동산과 유니언 부동산(Union Properties),

---

* 2013년 7월 현재, 두바이 포트 월드(DP World)는 부산신항만주식회사의 최대 주주사로 회사 지분의 29.6%를 보유하고 있다(부산신항만주식회사 홈페이지).
** 두바이 투자공사(ICD)는 2012년 말 현재 에미리츠 NBD 은행의 지분 55.64%를 보유하고 있으며, 에미리츠 NBD 은행의 자산 규모는 2012년 말 현재 840억 달러이다.

두바이의 국영기업

지주사	주요 자회사 또는 소유 기업
두바이 홀딩	− Dubai Holding Commercial Operations Group (레저, 부동산) − Dubai Properties Group (부동산) − Tatweer (Dubai Properties Group 등 소유 지주사) − Jumeirah Group (호텔, 레저) − TECOM Investments (부동산 개발, 설계 등) − Dubai Holding Investment Group (금융) − Dubai Group (금융 등 투자) − Dubai Banking Group (이슬람 자산 투자) − SHUAA Capital (금융투자) − Dubai Financial Group (금융 투자) − Dubai International Capital (자산관리, 투자)
두바이 월드	− Drydocks World (조선) − Istithmar World (투자) − Nakheel (부동산), Limitless (부동산) − Economic Zones World (부동산 투자, 자유구역 관리) − Jebel Ali Free Zone (항만 운영) − Dubai Maritime City (해양산업) − DP World Jebel Ali Port (항만)
두바이 투자공사(ICD)	− Dubai Aluminium (알루미늄) − Dubai Cable Company (케이블 제조) − Emirates Airline (항공) − Dubai Aerospace Enterprise Limited (항공) − Emirates NBD (은행) − Emirates Islamic Bank (은행) − National Bonds Corporation (이슬람 채권) − Emirates National Oil Company (석유 개발) − Dubai World Trade Center (전시장) − Union Properties (부동산), Emaar Properties (부동산)
두바이 국제금융센터	− DIFC Investments (투자)

자료: IMF, 언론기사 등 종합.

컨벤션센터 및 전시장인 두바이 세계무역센터(Dubai World Trade Center) 등의 기업을 거느리고 있다. 두바이 투자공사 소유 기업들은 대체로 수익성과 재무 상황이 양호해 두바이가 채무 상환에 어려움을 겪을 때마다 매각 대상으로 거론되곤 한다.

대부분의 두바이 국영기업들은 경제위기 이후 채권단들과 채무 재조정 과정을 거쳤다. 두바이 월드는 2010년 250억 달러 규모의 채무를 2015년과 2018년으로 각각 5년 또는 8년 만기 연장한 바 있다. 2013년 현재 두바이 정부와 국영기업들의 채무 규모는 1,000억 달러가 넘는 것으로 알려져 있으며, 매년 수백억 달러 규모의 채무 만기가 지속적으로 도래할 예정이다.

앞으로 두바이의 경제 상황과 세계 경제 상황에 따라 두바이의 채무 상환을 위한 자금조달 비용 등이 영향을 받을 것이며, 자본시장과 언론에서는 두바이 국영기업들의 채무 상환 여부에 대해 지속적으로 관심을 가지고 지켜볼 것이다.

5 / 두바이 국제금융센터(DIFC)

두바이에는 프랑스 파리에 있는 개선문과 비슷한 모양의 큰 건물이 있다. 금융자유구역으로 지정된 두바이 국제금융센터(DIFC: Dubai International Financial Center)인데, 톰 크루즈가 주연한 영화 〈미션임파서블 4〉에서 모래폭풍이 몰려드는 배경으로 등장하는 곳이기도 하다.

두바이 국제금융센터는 개선문 모양의 게이트 빌딩을 포함해 여러 개의 빌딩으로 이루어져 있으며, 약 44만 5,000제곱미터(110에이커)가 금융자유구역으로 지정되어 있다. 2013년 9월 현재 1,000개 이상의 금융기관 및 금융 관련 기관이 입주해 있고, 1만 5,000여 명이 활동하고 있다.* 나스닥 두바이(NASDAQ Dubai),** 오만산 원유를 거래하는 두바이

---

* 두바이 국제금융센터의 연례보고서에 따르면, 두바이 국제금융센터에는 2012년 말 현재 912개 기관이 등록되어 있고, 1만 4,000여 명이 근무하고 있다. Dubai International Financial Centre (2013), DIFC Authority Annual Review 2012.

** 주식과 파생상품, 이슬람 채권(수쿠크) 등을 거래하고 있으며, 채권 발행이나 기업 공개(IPO) 등이 활발하게 이루어지고 있다.

상품거래소(DME: Dubai Mercantile Exchange)* 등과 함께 세계 상위 25대 은행 중 19개 은행이 입주해 있다. 우리나라의 수출입은행, 우리은행, 삼성화재의 사무소도 이곳에 입주해 있다.

세계의 많은 금융기관이 두바이 국제금융센터에 지점 또는 사무소를 설치하는 것은 금융자유구역의 장점 때문이다. 세금이 없으며 외국인의 지분 100% 인정,** 입주 기관에 대한 연방법 적용 배제, 송금 자유, 국제적 수준의 행정 및 사법제도 운영 등이 두바이 국제금융센터의 장점이다. 또한 각종 서류 제출도 아랍어가 아닌 영어로 가능하고, 도로 · 전기 · 호텔 등의 우수한 인프라를 확보한 것도 장점으로 작용한다. 금융센터 주변에는 최고급 음식점들이 많으며, 저녁시간에는 맨해튼의 한복판에 온 것 같은 착각이 들 정도로 중동의 무료함을 채우려는 외국인들로 성시를 이룬다.

2004년에 설립된 두바이 국제금융센터는 설립 과정에서 연방 헌법을 개정했다. 원칙적으로 아랍에미리트 내에서는 연방법이 적용되어야 하지만 금융자유구역 내에 별도의 사법 기능을 행사하는 자체 법원을 두고, 회사법 등 연방법 적용을 배제하는 별도의 혜택을 부여하기 위해서였다.

두바이 국제금융센터는 그 구역 내에서만 적용되는 수십 개의 법률이 있으며, 크게 자체 사법 당국인 법원(DIFC Court), 인 · 허가 등 금융 규제 기능을 담당하는 금융감독당국(DFSA: Dubai Financial Services

---

* 2007년에 문을 열었으며, 오만산 원유의 선물거래를 주로 취급하고 있다.
** 아랍에미리트에서는 금융자유구역과 같은 경제자유구역 이외의 지역에서 외국인이 기업을 설립하는 경우에 외국인의 소유권을 최대한 49%까지만 허용한다.

Authority), 행정 기능을 수행하는 관리청(DIFC Authority)*으로 구성되어 있다. 국제금융센터 전체의 회장은 두바이의 부통치자인 셰이크 막툼 왕자가 맡고 있다.

두바이 국제금융센터가 금융 비즈니스를 수행하는 데 우수한 환경과 여건을 제공하는 것은 사실이지만, 동시에 몇 가지 유의할 점도 있다. 두바이 국제금융센터에 등록된 금융기관들은 고객으로 맞을 수 있는 대상에 제한이 있는데, 순자산으로 미화 50만 달러 이상이면서 금융상품에 어느 정도 지식이 있는 개인이나 법인에 한한다. 일반적인 의미의 소매금융보다는 도매금융 또는 투자금융 업무만 수행할 수 있다는 것이다. 또한 현지 화폐(디르함)를 통한 금융 거래가 허용되지 않아 아랍에미리트의 예금을 수취할 수 없다. 그리고 이미 다른 지역에서 설립 허가를 받아 검증된 금융기관에만 입주를 허용하고 최초로 설립되는 은행에는 인가를 내주지 않는다. 한편, 두바이 국제금융센터가 두바이 한복판에 위치해 있고 금융회사들이 몰려 각종 편의시설이 밀집되어 있다는 측면도 있지만, 금융센터 내 사무실 임차료는 다른 지역에 비해 높은 편**이다.

하지만 금융 비즈니스 수행에 실질적으로 필요한 여러 가지 장점으로 인해 입주하는 금융기관과 그 종사자가 지속적으로 증가하고 있으며, 두바이 국제금융센터를 벤치마킹하기 위해 매년 세계 각국에서 많은 대표단이 방문하고 있다. 두바이 국제금융센터는 주변국들에 비

---

* 2013년 현재, 두바이 국제금융 센터 관리청의 이사장은 압둘 아지즈 알 구라이르(Abdul Aziz Al Ghurair)이다. 그는 UAE 은행연합회의 회장이며 마슈렉(Marshreq) 은행의 CEO이기도 하다.
** 국제금융센터의 임차료는 사무실 위치에 따라 다르지만 제곱미터당 연간 임차료가 약 1,000달러 수준으로 알려져 있다.

두바이 국제금융센터.

해 상대적으로 높은 정치적 안정과 치안 확보, 영국·홍콩 등 기존 국제금융센터의 선진화된 금융 관련 규정과 제도를 벤치마킹한 글로벌 수준의 규범 등을 바탕으로 하여 중동 지역에서 금융 중심지로 성장한 성공 사례라고 할 수 있다.

6 / 거버먼트 서밋 행사에 다녀와서

아랍에미리트에서는 날씨가 좋은 11월부터 2월 사이에 대규모 국제행사가 많이 개최된다. 매년 11월 초 아부다비에서 열리는 F1 자동차 경주대회, 매년 1월부터 2월 사이 타이거 우즈와 같은 유명 골프선수 등이 대거 참가하는 두바이 데저트 클래식과 아부다비 HSBC 오픈, 2년 주기로 2월경에 개최되는 국제방산전시회(IDEX) 등이 대표적이다. 그 외에도 정부기관이나 공공기관 등이 주관하는 수많은 세미나와 포럼, 전시회 등이 열려 전 세계에서 많은 사람들이 찾아온다.

2013년 2월에 두바이의 마디낫 주메이라 호텔에서는 아랍에미리트의 총리실 주최로 '거버먼트 서밋(Government Summit)' 행사가 개최되었다. 정부 서비스 전달(Government Service Delivery) 능력 제고를 주제로 개최된 이 행사에는 아랍에미리트와 인근 중동·북아프리카 지역 국가의 공무원과 전문가 등 3,000여 명이 참석하였다.

이틀 동안 총 30여 개의 세션이 진행되었으며, 아랍에미리트 총리실은 우리나라를 비롯하여 싱가포르, 덴마크, 호주, 캐나다, 브라질 등 6개국을 특별히 초청하여 정부 서비스 전달 사례와 경험을 청취하는 세션도 가졌다. 우리나라에서는 5명이 초청받았으며, 행정안전부에서 우리나라의 전자정부 정책과 유엔상 수상 사례인 민원24시를, 조달청에서 e-조달 시스템(나라장터)을, 서울시청에서 스마트 서울 등을 소개하였다.

이 행사에서 인상적이었던 몇 가지가 있다. 먼저, 대규모 행사를 개최하기 위해 돈을 아낌없이 지출한다는 생각이 들었다. 행사에 초청한 발표자들에게는 비즈니스 항공권, 5성급 호텔 숙박료, 그리고 삼성전자의 노트북을 제공하였다. 또한 행사에 참석한 일반 참가자에게는 전자 패드(Pad)를 선물하였다. 발표자를 비롯해 전 세계에서 초청받은 인사가 100여 명이었으니, 그 행사에 소요된 비용이 엄청날 것이라는 생각이 들었다.

이렇게 행사비용을 아낌없이 지출하는 것에는 관광진흥을 위한 이유도 있다는 생각이 들었다. 대규모 행사에 참여하는 사람들은 그 기회에 두바이의 명소들을 둘러볼 것이고, 다른 사람들에게 두바이의 명소들을 전파할 것이며, 다음에 또 두바이를 방문할 것이다. 에미리트 전체가 마치 하나의 경제단위처럼 움직이는 두바이에서 행사 개최와 관광은 별개가 아니라, 서로 상호작용을 통해 두바이의 발전에 기여한다는 생각이 들었다.

두 번째로 인상적이었던 것은, 아랍에미리트의 부통령이자 총리인 셰이크 모하메드 두바이 통치자의 2시간에 걸친 시민과의 대화 세션이었다. 비디오 클립 형태로 시민들이 제기한 40여 개의 사전질의에 하나하나 답변하였는데, 주요 질의·답변 내용은 정부의 정책 방향과 우선순위, 정부의 미래, 고용촉진 방안 등이었으며, 통치자의 개인적인 시간관리와 철학 등에 관한 질문도 포함되어 있었다. 셰이크 모하메드 통치자는 답변 과정에서 다수의 의미 있는 말들을 해 많은 박수를 받았는데, 몇 가지 내용을 소개하면 다음과 같다.

"리더는 매일 도전을 받는다. 리더십은 정제되고 교육되어야 하며 상호 소통되어야 한다."

"긍정적 에너지가 중요하며, 미래 세대는 긍정적 에너지가 있어야 한다."

"내가 개발한 세 손가락(엄지~중지)의 의미는 서양의 빅토리 사인과 차별화되는 '사랑한다(I Love You)'는 의미이다."

"모두가 1등을 열망하며, 사람들은 2등을 기억하지 못한다."

"현재 아랍에미리트가 이룬 성과는 내가 가지고 있는 비전의 10%에 불과하다."

"매일 아침에 일어나 기도를 하고, 매일 3킬로미터를 걸으며, 스포츠로 승마를 즐긴다."

2시간 넘게 걸린 셰이크 모하메드 두바이 통치자의 시민과의 대화 세션은 아랍에미리트 국민들에게 정부에 대한 친숙한 이미지를 심어주었고, 동시에 두바이 통치자 겸 연방총리에 대한 국민들의 존경심을 높여주었다.

세 번째로 인상적이었던 것은, 다름 아닌 우리나라의 경제발전에 대한 높은 평가와 국제사회에서의 위상이었다.

거버먼트 서밋 행사의 첫 세션 주제는 '어떻게 발전을 측정할 것인가(How do we measure development)?'였는데, 뜻밖에도 주제 발표자들은 발전 우수 사례로 우리나라를 제시하였다. 고든 브라운 전(前) 영국 총리는 한국이 고소득 국가로 진입한 이유가 높은 기술수준과 교육열 때문이라고 설명하였다. 우리나라의 사례를 들면서 기술과 사람, 그리고 교육에 대한 투자가 이루어져야 지속 가능한 발전을 이룰 수 있다고 역설하였다.

같은 세션에서 세계경제포럼(WEF)의 한 수석 이코노미스트는 지난 수십 년간 주요 국가의 발전 속도에서 한국이 가장 높은 위치에 있었다는 그래프를 보여주면서 이것은 한국의 생산성이 높았기 때문이라고 설명하였다. 그리고 한 국가의 생산성을 높이기 위해서는 좋은 관리 구조(good governance)와 반부패 구조, 양질의 인프라와 우수한 인적자원, 높은 교육수준, 기술혁신, 제도화 등이 필요하다고 발표하였다.

2013년 2월 두바이에서 개최된 거버먼트 서밋 행사는 개최 규모와 두바이 통치자의 2시간에 걸친 단독 세션 진행이 아주 인상적이었으며, 아울러 국제사회에서 높아진 우리나라의 위상을 느낄 수 있는 자리였다.

7 /
모바일 정부 이니셔티브

2013년 5월 22일, 두바이 인터콘티넨털 호텔에서 아랍에미리트 정부의 주요 부처 장관 및 차관, 기관장을 포함한 고위급 공무원 1,000여 명이 참석한 가운데, 아랍에미리트의 모바일 정부(m-Government) 출범 행사가 개최되었다. 이 행사에 외국 공관으로는 유일하게 우리 공관이 초청을 받았고, 한국정보화진흥원장도 초청을 받아 우리나라의 모바일 정부 서비스 사례를 발표하였다.

아랍에미리트 총리실이 주관한 모바일 정부 출범 행사는 2013년 2월 정부 서비스의 전달 능력 제고를 주제로 개최된 거버먼트 서밋 행사의 연장선상에서 이루어진 것으로, 행사에 참석한 셰이크 모하메드 연방 총리 겸 두바이 통치자는 앞으로 2년 이내에 정부의 거의 모든 서비스를 모바일 폰을 통해 언제 어디서나 시민들에게 제공할 수 있도록 하겠다는 목표를 제시하였다. 참고로 아랍에미리트에서 사용되는 이동통신 가입자 수는 2011년 기준 1,000만 이상으로, 인구 1인당 2대 이상의 휴대전화를 가지고 있다.

셰이크 모하메드 총리는 2000년 출범한 전자정부(e-Government)에서 더 나아가 모바일 정부의 출범을 알리면서, 모바일 정부의 목표는 시민들을 기다리게 하는 것이 아니라 정부가 시민들에게 다가가는 것이라고 강조하였다. 그리고 2년 이내에 모바일을 통해 정부 서비스 제공 목표를 달성하지 못하는 공무원은 이별 파티를 맞을 것이라고 말했다. 이날 모바일 정부 출범식은 글로벌 수준에 맞는 정부 서비스를 제공하고, 시민들의 만족도를 높일 수 있는 창조적인 정부가 되자는 강한 의지가 표출된 행사였다.

이 행사에 참석한 우리나라 정보화진흥원장은 한국의 불법 주정차 및 도로불편 신고, 불법 폐기물 신고, 홈택스, 교통상황 및 정보 제공, 기차표 예약 등의 모바일 정부 서비스 사례와 함께 서울시의 모바일 포털 사례를 소개하였다.

거버먼트 서밋에 이어 모바일 정부 이니셔티브 발표 행사에서도 우리나라의 관계자들이 초청되어 전자정부 정책과 모바일 정부 사례를 소개하자, 아랍에미리트 관계기관들에서는 우리나라의 사례에 많은 관심을 가지게 되었다. 아랍에미리트의 총리실 관계자들은 우리나라의 전자정부 사례를 벤치마킹하겠다고 협조를 요청해왔다. 아부다비 시청의 고객담당부서에 근무하는 관계자들도 우리나라의 서울시청, 조달청, 삼성 SDS 등을 방문하여 고객지원 사례를 보겠다고 협조를 요청했다.

우리나라가 강점을 가지고 있으면서, 상대방이 필요로 하는 분야에

아랍에미리트 정부의 모바일 정부 출범 행사에서 우리나라의 사례를 소개하는 모습으로, 모바일 전화를 형상화한 스크린과 무대 배경이 특이하다.

서의 경험과 기술 공유는 다른 나라와의 협력관계를 강화하는 좋은 방안이라고 생각한다. 우리나라는 IT 기술과 이를 활용한 교통 · 조달 · 특허, 통관 등의 민원 서비스 분야에서 세계 최고 수준을 자랑한다.

참고로 2014년 2월에 우리나라 특허청과 아랍에미리트 경제부는 아랍에미리트의 특허심사를 우리 특허청에서 대행하는 방안에 대한 협력 양해각서(MOU)를 체결한 바 있다. 앞으로 IT기술과 이를 활용한 분야에서 우리나라와 중동 지역 국가 간 활발한 교류와 많은 협력 사업들이 이루어지기를 기대한다.

아랍에미리트의 통신업체

우리나라의 통신업체로 SKT, KT, LG 유플러스 등이 있듯이 아랍에미리트에는 두(Du)와 에티살랏(Etisalat)이라는 통신업체가 있다. 이 두 통신업체는 아랍에미리트에서 독점체제를 유지하면서 유선 및 이동통신, 인터넷, 위성통신 등의 서비스를 제공하고 있다.

미국의 CIA World Factbook 통계에 따르면, 2011년 현재 아랍에미리트의 모바일 전화 가입자 수는 약 1,173만 대로, 같은 출처에 나와 있는 인구 규모인 547만 명으로 나누면 대략 1인당 2대 이상 가지고 있는 셈이다. 아랍에미리트 이동통신의 시장 점유율은 1976년에 설립되어 오랜 역사를 가진 에티살랏이 약 60%, 2005년에 설립되어 시장 점유율을 넓혀 나가는 두가 약 40% 수준으로 추정된다.

두의 회사 명칭은 Emirates Integrated Telecommunications Company이며, 최대 소유주는 아랍에미리트 연방정부의 국부 펀드인 에미리트 투자청이다.* 한편, 에티살랏의 회사 명칭은 Emirates Telecommunications Corporation으로 외국인의 지분 소유는 허용되지 않으며, 최대 소유주는 두와 동일하게 에미리트 투자청으로 60%의 지분을 보유하고 있다.** 아랍에미리트에서 통신 분야에 대한 기술개발 및 인프라 정책, 주파수 할당, 인·허가 등 승인 업무는 통신규제청(TRA: Telecommunications Regulatory Authority)에서 담당하고 있다.

---

* 두의 지분 소유는 에미리트 투자청 39.5%, 무바달라 19.75%, 에미리츠 인터내셔널 텔레콤 19.5%, 일반(Public) 21.25%이다(2013년 11월 현재).
** 에티살랏의 지분 소유는 에미리트 투자청 60.0%, 일반(Public) 40.0%이다(2013년 11월 현재).

8 / 2020년 두바이 세계 엑스포 개최

아랍에미리트 건국 42주년 기념일을 며칠 앞둔 2013년 11월 27일 저녁, 아랍에미리트에는 낭보가 날아들어 축제 분위기가 한껏 고조되었다. 프랑스에 본부를 두고 있는 국제박람회기구에서 2020년 엑스포 개최지로 두바이를 선정하였다는 뉴스가 날아들었기 때문이다. 두바이는 엑스포 유치를 위해 지난 수년 동안 러시아의 예카테린부르크, 터키의 이즈미르, 브라질의 상파울루와 치열하게 경쟁해왔는데, 이날 국제박람회기구 총회 결선투표에서 165개 회원국 중 116개국의 지지를 받아 엑스포 개최지로 최종 결정된 것이다. 아랍에미리트 전역에서는 기쁨의 환호성이 울렸고, 두바이의 부르즈 칼리파 빌딩에서는 축포를 날렸다.

세계 엑스포는 5년마다 열리는데,* 2010년 중국의 상하이, 2015년 이탈리아의 밀라노에 이어, 2020년 두바이 엑스포는 중동 지역에서 처음으로 개최되는 것이다. 많은 나라가 엑스포 유치를 위해 치열하게 경쟁하는 것은 엑스포 개최가 가져오는 막대한 경제적 효과 때문이다. 6개월간 개최되는 엑스포 전시장에는 세계 각국에서 수많은 관람 인파가 몰려든다. 2010년 상하이 엑스포의 경우에는 국내 관광객도 워낙 많아 무려 7,000만 명이 찾았다고 한다. 수많은 엑스포 관람객을 수용하기 위해서는 공항이나 철도, 도로와 같은 교통 인프라를 갖추어야 하고, 호텔 등의 관광시설을 확충해야 한다. 2012년 우리나라에서 개최된 여수 엑스포의 경우에도 여수와 광양을 잇는 이순신대교가 엑스포 개회에 맞추어 개통되었다. 엑스포 개최를 위한 각종 인프라 확충 과정에서 많은 일자리도 생겨난다. 물론 인프라를 개발하기 위해 많은 자본이 투자되어야 하지만, 자본투자로부터 얻는 장기적인 유무형의 수익이 소요되는 투자비용보다 더 클 것이다. 그리고 엑스포에서 전시관을 운영하는 전 세계 국가들은 각자 최고의 전시품과 전통문화, 첨단과학기술과 창의적인 내용들을 소개하기 위해 많은 노력을 기울일 것이며 새로운 기술들이 소개되는 교육적인 효과도 클 것이다.

두바이 엑스포 개최 결정 이후 아랍에미리트의 몇몇 기관에서는 그 경제적 효과를 나름대로 추정하여 발표하고 있는데, 엑스포가 개최되는 제벨 알리 항 근처에 있는 알 막툼 제2국제공항 확장 사업, 전시장 건설 사업, 전시장으로의 접근 도로와 두바이 시내를 잇는 각종 메트로 건설 등의 사업이 탄력을 받을 것으로 보고 있다. 엑스포 개최를 위한 두바이의 인프라 개발에 2020년까지 수백억 달러가 투자될 것이

---

* 국제박람회기구(BIE)는 엑스포를 등록(Registered) 박람회와 인정(Recognized) 박람회로 구분하는데, 두바이에서 유치에 성공한 것은 5년마다 개최되는 등록 박람회이며, 우리나라에서 개최된 1993년 대전 엑스포와 2012년 여수 엑스포는 인정 박람회이다.

며, 두바이의 성장률이 1~2% 높아지는 효과가 있을 것이라는 분석도 나오고 있다. 또한 2012년에 1,000만 명의 관광객이 두바이를 찾았는데, 2020년 6개월 정도 열리는 엑스포 기간 동안에 2,000만 명 이상의 관광객이 찾을 것으로 예상하고 있다.

두바이 엑스포의 공식 홈페이지에 올라와 있는 엑스포 전시장 조감도를 보면, 엄청난 양의 철제 구조물과 조명등이 동원될 것으로 보이며, 관련 산업에 많은 파급효과를 가져올 것으로 생각된다. 아부다비 국제공항에서 두바이 엑스포 행사장까지는 90킬로미터 정도 되는데, 아부다비에 부동산을 가지고 있는 한 지인은 아부다비의 집값 상승을 기대하였다.

'마음을 잇고, 미래를 여는(Connecting Minds, Creating the Future)'이라는 테마로 엑스포 유치에 성공한 두바이와 아랍에미리트에 진심으로 축하를 보내며, 많은 변화와 발전된 모습을 보여줄 2020년 두바이가 기대된다.

5부

우리나라와
아랍에미리트

아랍에미리트는 우리나라가 매년 1억 배럴 정도의 석유를 수입하는 주요 석유 수입
국으로 오랜 관계를 유지해왔으며, 우리 주요 기업들의 중동 지역본부가 진출해 있
는 나라이다. 2009년 우리나라가 수주한 200억 달러에 달하는 초대형 원전 건설 사
업은 양국 관계의 기폭제가 되었다. 아부다비와 서울을 잇는 에티하드 항공이 처음
으로 취항하였고, 우리 특전사 요원들이 교육훈련 협력을 위해 비전투 지역으로는
처음으로 파병되었다. 새로운 유전 개발권이 우리나라에 부여되었으며, 아랍에미리
트 중앙은행은 30년 만에 처음으로 독일, 일본, 중국 등 3개국에 은행 지점을 허용
하면서 우리나라 은행에도 지점을 인가해주었다. 아부다비 정부에서 자국 국민에게
만 보내주는 해외 치료 대상지에 우리나라가 새롭게 추가되어 우리나라를 선택하는
아랍에미리트 환자들이 지난 2년간 빠르게 증가하고 있으며, 보건의료 협력은 최근
여타 중동 국가에도 확산되고 있다. 이렇게 양국 관계가 강화되고 국민 간 교류가 증
가하자 우리 교민도 크게 증가하여 3년 만에 거의 2배로 늘어났다.

1 / 우리 교민과 건설 기업의 진출

우리나라가 아랍에미리트를 포함하여 중동 지역, 특히 오늘날의 아라비아 반도 걸프협력회의 국가들에 진출하기 시작한 것은 베트남 전쟁의 끝무렵부터이다. 미국의 베트남 철수 결정과 1975년 사이공의 함락으로 베트남에 파병되었던 우리 군인들도 철수해야 했다. 이때 대부분의 사람들은 고국으로 돌아왔지만 일부 참전 군인들은 퇴역과 함께 태국 등 인근 국가에 남았고, 일부 사람들은 일자리를 찾아 중동 건설현장으로 자원해서 나갔다고 한다.

중동 건설현장으로 들어온 이들은 일자리를 찾아 이 나라 저 나라 옮겨다녔고, 당시 신생 연방국으로 새출발한 아랍에미리트에도 정착하게 되었다. 중동 지역 이민 1세대를 이루는 이들은 오랜 고생 끝에 성공한 경우가 많았고, 현재 아랍에미리트에서는 원로 한인층을 형성하면서 현지에서 출생한 2세들을 통해 이민생활을 이어나가고 있다.

다음으로 중동 지역에 진출한 2세대는 1970년대 말 중동 건설 붐을 타고 현지에 건설 근로자로 진출했다가 정착한 사람들과 1980년대 태권도, 유도, 탁구 등 스포츠 코치로 현지에 진출한 한인들이다. 이어 중동 지역에 진출한 3세대는 1990년대 이후 우리 기업들의 중동 지역 진출과 교역 등을 위해 대기업 지사에서 근무하다가 자영업으로 전환하여 현지에 정착한 경우와 2000년대 들어 두바이가 각광받으면서 항공사, 호텔, 병원, 건축 설계 등 각종 서비스업에 진출하여 정착한 교민들이다.

중동 지역에 진출한 우리나라 사람들은 대부분 생업을 위해서라는 공통점을 공유해서인지 모두 부지런하고, 생업과 2세 교육에 헌신적이며, 모국에 대한 사랑이 크고 다른 지역보다 교민들 간에 협력이 잘 되고 있다.

2000년대 중반 이후 국제 유가가 안정적으로 높게 유지되고 두바이를 중심으로 개방 경제의 장점이 부각되면서 우리나라 기업들의 아랍에미리트 진출도 급속히 증가하였다. 특히 우리나라 최초 원전 수출과 T-50 훈련기 수출 시도를 매개로 우리나라와 아랍에미리트의 관계가 급격히 가까워지자 우리나라 기업과 금융기관들의 현지 지사 설립이 탄력을 받아, 2010년에는 160개를 넘어섰다.

2009년에 두바이의 대표적인 국영기업 두바이 월드가 채무 상환 유예를 선언한 것을 시발점으로, 그때까지 창조적 발전 모델로 제시되던 두바이 경제가 휘청하며 잠시 긴장했지만, 탄탄한 석유 수입을 바탕으로 하는 아부다비가 대형 프로젝트들을 추진함에 따라 이를 따내기 위한 우리 기업들의 진출도 활발히 진행되었다. 특히 대규모로

우리나라의 해외 건설 수주액

	2009년	2010년	2011년	2012년
건설 수주액	491억 달러	716억 달러	591억 달러	649억 달러
중동 수주 (비중)	357억 달러 (72.6%)	472억 달러 (65.9%)	295억 달러 (50.1%)	369억 달러 (56.9%)
아랍에미리트 수주(비중)	159억 달러 (32.3%)	256억 달러 (35.8%)	21억 달러 (3.6%)	30억 달러 (4.6%)

주: 아랍에미리트는 2012년까지 총 해외건설 수주 누적 기준으로 사우디아라비아에 이어 우리나라 제2위의 수주 대상국이다.
자료: 국토해양부 (2010. 12. 30), "2010년 해외건설 수주, 12.31일 현재 716억 불 달성"; 국토해양부 (2012. 6. 30), "해외건설, 반세기 만에 5천억 불 수주 이뤄내"; 국토해양부 (2012. 12. 28), "2012년 해외건설 수주 649억 불 달성" 등.

쏟아져 나온 정유시설 확장 사업을 비롯해 가스, 화학, 발전, 담수 분야의 대형 플랜트 건설 사업들을 따내기 위한 우리 업체들의 현지 진출이 활발히 이루어졌고, 실제로 많은 수주 실적을 올렸다. 우리나라 건설업체들이 아랍에미리트 시장에 진출하기 위해 지나치게 공격적인 방식으로 접근하여 과당경쟁 문제를 야기하기도 했지만, 오래전부터 이 지역에 진출해 있던 프랑스, 이탈리아, 영국 등 대표적인 선진국 업체들을 제치고 여러 프로젝트를 수주함으로써 이들이 오랜 기간 독점해오던 플랜트 시장에 새로운 강자로 발을 들여놓을 수 있었다. 이에 따라 지난 2010년에 우리나라 해외 건설공사 수주액이 처음으로 700억 달러를 넘어섰고, 중동 지역에서의 수주율이 65% 넘는 성과를 내기도 했다.

이 과정에서 우리나라 업체들끼리 과당경쟁을 해 일부 문제가 되었으나, 마침 국내 건설시장의 침체로 해외 플랜트 공사 수주에 전사적 경주를 하던 우리나라 대형 건설사들 간의 경쟁 문제가 원천적으로 해결되기는 사실상 어려운 상황이었다. 출혈 수주로 인해 2013년 초 몇

몇 건설사의 수익성 하락이 현실화되면서 건설사 스스로 자성하는 분위기가 조성되어 과당경쟁 문제가 점차 줄어든 점은 장기적인 관점에서 다행이라고 생각된다.

과열되었던 건설시장은 2011년 아랍 전역에서 일어난 아랍의 봄과 유럽의 재정위기로 아랍에미리트 정부가 각종 프로젝트에 대한 투자 계획을 전면 재검토하면서 다소 가라앉았다. 2011년에 우리나라 기업들의 수주가 눈에 띄게 줄어든 것은 우리나라 기업들의 경쟁력이 감소했다기보다는 공공사업 발주 자체가 줄어든 데 기인한 바가 컸다. 우리 기업들은 과당경쟁과 출혈 수주를 자제하는 분위기로 돌아서 수익성이 뒷받침되지 않는 한 수주만을 위하여 예전처럼 입찰 가격을 지나치게 낮추어 참여하지는 않고 있다.

다행히 GCC 국가들 간 순환적인 발주 사이클에 따라 2012년부터 사우디아라비아에서 대규모 주택사업을 중심으로 한 공공 프로젝트 발주가 증가하였고, 카타르에서도 월드컵에 대비해 지하철 등 공공투자가 급증하였고, 몇 년간 잠잠하던 쿠웨이트에서 다시 대형 발주가 시작되면서 우리나라 건설업체들도 발 빠르게 움직이고 있다. 2013년 현재 아랍에미리트에는 우리나라의 도급 순위 상위 20개 건설업체 중 16개 기업*을 포함하여 100개 이상의 우리나라 건설업체가 진출해 있다.

---

* 2012년 도급 순위 상위 20개 기업 중 현대산업개발, 두산, 경남, 계룡을 제외한 16개 기업이 진출해 있다.

2 / <u>원전 수주</u>와 <u>전략적 동반자 관계</u>로의 이행

아랍에미리트가 현재의 국가 이름을 갖춘 연방국가로 수립된 것은 1971년 12월 2일이며, 우리나라와는 1980년에 수교하여 이후 원유 수입과 건설 기업 진출 등 경제적 협력관계를 이어왔다. 2000년대 중반 두바이가 창의적인 개발 붐을 타고 우리나라 국민들에게 본격적으로 알려지기 시작했고, 삼성물산이 수주한 세계 최고층 빌딩의 건설로 관심의 대상이 되었다. 또한 에미리츠 항공이 취항해 파리나 런던을 경유하지 않고 두바이를 거쳐 아프리카로 바로 가로질러가는 항로가 열려 우리나라 사람들의 아랍에미리트 방문이 잦아졌으며, 우리나라 간호사와 여승무원들의 새로운 취업지로 부상하였다.

그러던 중 2009년 12월 말 우리나라 최초로 아랍에미리트와 원전 수출 계약을 체결하였다는 발표 이후 양국 관계가 폭발적으로 가까워졌다. 원자력발전소 건설의 세계 최고 강자인 프랑스의 아레바

(AREVA), 일본의 도시바(Toshiba)와 마지막까지 치열한 경쟁을 벌였으나, 결국 APR1400이라는 한국형 최신 모델을 앞세운 우리나라의 한전 컨소시엄에게 아랍에미리트의 원전 사업이 최종 낙찰되었다. 2017년부터 매년 1기씩 완공하여 2020년까지 총 4기의 원전을 턴키 방식으로 공급하는 이 공사가 완료되면 여기서 생산되는 전기로 아랍에미리트 전체 전력 수요의 약 4분의 1을 충당하는 대단히 중요한 공사이다. 이 공사를 아부다비 정부가 우리나라에 맡긴 것은 원전을 뛰어넘는 많은 의미가 담겨 있다.

양국은 원전 수출 계약을 계기로 곧바로 양국 관계를 '전략적 동반자 관계'로 격상하였고 조선, 반도체, 전자통신, 원전, 인력 양성 등 6개 분야에서 경제협력 약정을 체결해 협력관계를 다변화시키기로 합의하였다. 2012년 3월에는 선진 메이저 기업에만 허용하던 관례를 깨고 아부다비의 3개 광구에 대한 유전 개발권을 우리나라에 최초로 허용하였다. 이후 양국 관계는 기업투자, 기후 환경, 보건의료, 교육훈련, 농업 협력, 군사 협력 등으로 여러 분야에 걸쳐 비약적으로 확대 발전하였다. 원자력발전소는 이 모든 과정에서 시발점이 되었을 뿐만 아니라 양국 정부와 국민 간의 접촉점이 되었다.

짧은 시간 안에 양국 간의 교류와 협력이 그 어느 때보다 긴밀하게 진행되었고, 우리나라 사람들의 아랍에미리트 진출도 여러 형태로 급격하게 늘어났다. 2010년 아랍에미리트에 진출한 우리나라 교민은 5,000여 명이었으나 3년 뒤인 2013년에는 1만여 명으로 2배 증가하였다. 대형 공사 수행을 위한 관리 및 기술 인력이 주종을 차지했지만 양국 관계가 가까워짐에 따라 관광, 항공, 호텔 등 서비스 부문에 종사하는 인력도 급증하였고, 기존에는 거의 찾아볼 수 없던 회계사, 변호사 등 전문인력의 진출도 꾸준히 증가세를 보인 데 기인한 것이다. 아랍에미리트는 현재 중동 전체에서 한국 교민이 가장 많이 사는 나라가 되었다.

원전 수주는 우리나라뿐만 아니라 아랍에미리트에서도 대단한 사건이었다. 우리나라 입장에서는 국내에서만 지어본 원전을 다른 나라에서, 그것도 전통적 원전 강국인 프랑스와 일본을 상대로 싸워 수주했다는 의미가 있고, 아랍에미리트에서는 날로 늘어나는 전력 수요를 충당하기 위해 원자력을 미래의 에너지 공급원으로 추가하기로 아랍 최초로 결단을 내렸다는 의미가 컸다. 더구나 해외 수출 경험이 전혀 없는 한국형 원전을 선택했다는 것은 원전이 경제성과 신뢰성에서 상대적으로 우수하다는 평가이기도 하지만, 우리나라와의 경제 협력에거는 기대가 프랑스나 일본이 줄 수 있는 잠재력보다 크다는 의미이기도 하다. 양국은 원자력발전소 건설 이상의 새로운 협력 지평을 열겠다는 기대를 한 것이고, 지난 3년 동안 원전 건설이 비교적 순조롭게 진척되어온 것만큼 양국 간의 협력관계도 순조롭게 진행되었다.

우리나라의 아랍에미리트 원전 수주는 많은 것을 시사한다. 한때 정치권과 언론에서 원전 수주 자체에 대한 의문을 제기하기도 했지만, 일부 오해도 있고 앞으로 또 다른 해외 원전 수주를 위해서 정리가 필요한 부분도 있다. 먼저 원전 수주와 금융 지원에 대한 오해이다. 많은 사람들이 돈이 많은 나라는 다 자기 돈으로 사업을 한다고 단순하게 생각하는 경향이 있다. 그러나 어느 나라도 원전처럼 돈이 많이 드는 사업을 자기 돈만으로 하지는 않는다. 돈이 없는 나라는 민자 사업으로 해서 아예 모든 소요경비를 건설사가 충당하고 완공 후 몇십 년에 걸쳐 운영을 통해 투자액을 회수하라고 하고, 어느 정도 돈이 있는 나라는 일부는 나라에서 충당하고 일부는 건설사가 책임지도록 하고 있다.

오늘날에는 프로젝트 규모가 날로 커지고, 몇십억 달러에 달하는 대형 프로젝트에 대한 수주 경쟁력은 금융 경쟁력으로 귀결되고 있다. 이것을 가장 잘 이용하는 나라가 막대한 외환 보유고를 자랑하는 중국이다.

이러한 상황에서 우리나라도 어떻게 하면 수출입은행 등 금융기관의 자본력을 보강해 우리나라 기업들의 해외 인프라 사업에 지원해줄 것인가를 고민해야지 왜 금융까지 제공하느냐고 따질 사안은 아니라고 생각한다. 해외 사업을 하려면 당연히 금융 경쟁력을 확보해야 하고, 그런 경쟁력이 없으면 해외 사업을 포기할 수밖에 없는 것이 현실이다. 아랍에미리트의 원전은 발주자가 입찰자들에게 금융 의향서를 제시하도록 요구하여 입찰에 참여한 모든 기업이 이를 제출하였다. 만약 우리나라가 금융 의향서를 제출하지 않았다면 절대 수주하지 못했을 것이다. 또한 의향서는 의향서일 뿐 실제 금융을 필요로 하느냐 하는 문제와 제공 조건은 추후 협상에 맡겨놓았다.

한편, 아랍에미리트의 원전 수주는 우리에게 수주 실적(track record)이라는 대단히 큰 이득을 가져다주었다. 국내에서도 마찬가지지만 특히 국제적으로 대형 프로젝트의 수주에서는 수주 실적이 아주 중요한 선택 기준이 된다. 그러므로 아랍에미리트의 원전 수주는 우리나라가 향후 다른 나라에 가서도 실적으로 내세울 수 있는 근거가 된다.

우리나라의 원전 수주 이후 외국 외교관들은 시샘 반 칭찬 반으로 "10억 달러 이상이면 대형 사업인데, 대한민국은 대형 사업 20개를 한 입에 털어넣은 나라이니 얼마나 행복하냐?"라는 말을 하곤 하였다. 역사에 남을 대형 사업을 어떻게 잘 지어서 발주자에게 넘겨줄 것인가만 고민하고 수주 자체에 대해서는 더 이상 따지지 말았으면 하는 바람이다.

2013년 들어 국내에서 원전 부품 문제가 연달아 불거지면서 많은 사람들이 아랍에미리트의 원전은 괜찮으냐고 물어왔다. 당연히 괜찮을 리 없다. 원전을 발주한 입장에서는 대단히 곤혹스러운 사태이고, 하루빨리 말끔히 정리되어 100% 안전한 부품이 공급되길 바란다. 원전 부품의 납품 비리 사태는 아랍에미리트 원전과 상관없이 더 이상 일어나서는 안 되며, 이번 기회에 모든 부정이 정리되는 전화위복의 계기가 되기를 간절히 바란다.

아랍에미리트에 건설되고 있는 원전은 건설로만 끝나는 것이 아니다. 원전 관련 기술 인력의 양성과 건설 후 실제 운영 과정에서도 계속적으로 협력하는 구조로 되어 있다. 우리나라는 아부다비에 있는 칼리파 공과대학(KUSTAR)에 원자력공학과 신설을 지원하였고, KAIST 교수들을 파견해 직접 강의하도록 하였다. 그리고 원전이 완공되면 원전 운영 회사를 설립하여 공동으로 운영하도록 되어 있어 원전을 매개로 한 양국 간 협력관계는 앞으로도 오랫동안 지속될 예정이다.

3 / 비슷한 점이 많은 두 나라

　비슷한 점이 많은 사람들은 쉽게 친해진다. 국가도 마찬가지다. 우리나라와 아랍에미리트는 서로 비슷하거나 유사한 점이 있기 때문에 더욱 친근감을 느낄 수 있다.

　첫째, 양국은 면적이 비슷하다. 우리나라는 남한 기준으로 10만 제곱킬로미터이고, 아랍에미리트는 8만 3,000제곱킬로미터이다.* 주변에 큰 나라들이 있다는 점도 비슷하다. 아랍에미리트는 아라비아 만 건너편에 인구가 약 8,000만 명에 이르는 이란이 있다. 역사적으로 페르시아로 불려온 이란은 주변 지역에 정치·경제적으로 많은 영향을 미쳐왔다. 이에 따라, 이란의 변화는 늘 관심의 대상이 되고 있다. 2012년 4월 이란의 아흐마디네자드 대통령이 호르무즈 해협에 있는

---

* 우리나라 면적은 10만 148제곱킬로미터(2011년도 국토해양부 지적통계연보)이고, 아랍에미리트는 8만 3,600제곱킬로미터(United Arab Emirates National Bureau of Statistics, UAE in Figures 2009)이다.

아부무사 섬을 방문하자 아랍에미리트와 이란 간에 긴장감이 높아졌고, 이란의 핵무기 개발 의혹으로 2011년 말부터 이란에 대한 국제사회의 제재가 높아지자 아랍에미리트의 경제, 특히 두바이에서 이란으로의 수출이 영향을 받았다. 국경을 접하고 있는 사우디아라비아도 아랍에미리트 입장에서는 큰 이웃 나라이다. 같은 아랍 국가이며 GCC 국가로 긴밀한 협력관계를 맺고 있으나, 아직도 일부 국경은 확정되지 않은 상태이다.

아랍에미리트 사람들에게 우리나라가 위치한 동북아의 지역 상황과 중국, 일본 등의 상황, 남북관계 등을 설명해주면 아주 많은 관심을 가지고 귀를 기울인다. 멀리 떨어져 있기 때문에 우리나라의 상황을 상세히 알지 못하는 이유도 있지만, 한국이 큰 나라들로 둘러싸여 있다는 유사성도 있기 때문일 것이다.

둘째, 우리나라와 아랍에미리트는 모두 개방 경제 체제를 지향하며, 비교적 짧은 기간에 급속한 경제성장을 이루었다. 아랍에미리트는 1971년에 연방국가를 이룬 뒤, 건국의 아버지인 고 자이드 대통령의 비전과 리더십 아래 빠른 경제성장을 이룩하여 세계 주요 경제국의 하나로 성장하였다. 우리나라도 1960년대 초반 1인당 소득 100달러에서 40여 년 만에 2만 달러 수준을 넘어섰고, 짧은 기간에 세계 주요 경제국의 하나로 성장하였다. 아랍에미리트와 우리나라는 각각 석유자원과 인적자원이라는 오직 한 가지 자원만을 가지고 있다는 점에서 유사하다고 강조하는 이야기를 들은 적이 있다. 우리는 석유가 나는 아랍에미리트를 무척 부러워하지만, 인구가 적은 아랍에미리트로서는 우리의 잘 훈련되고 경험 많은 풍부한 인적자원이 부러울 수도 있겠다는 생각이 든다.

셋째, 문화적 유사성이다. 집 안에 들어갈 때는 신발을 벗으며, 웃어른을 공경하고 여러 세대가 함께 모이는 대가족제, 전통문화를 존중하고 보존하려는 노력 등은 우리나라와 비슷하다. 서로 비슷하다는 에피소드가 하나 있다. 한번은 아랍에미리트의 한 지인이 아랍의 문화를 소개해주면서, 아랍에서는 집에 찾아오는 손님을 환대하고 귀하게 모신다고 말했다. 예를 들어, 아랍의 옛 관습에 따르면 사막에서 사람이 찾아오면 3일간 정성껏 모시며, 그 손님이 요구하는 것은 무엇이든지 들어준다고 한다. 손님을 환대하는 아랍의 문화를 강조하기 위한 설명이었다. 이 이야기를 듣고, 우리나라에서도 옛날에 손님을 아주 귀하게 모시는 문화가 있어, 가난한 집에 손님이 찾아오면 주인이 자신의 살을 베어 대접했다는 옛날이야기가 있다고 하니 재미있어했다. 지리적으로 멀리 떨어져 있음에도 찾아오는 손님을 환대하는 문화는 서로 비슷하다는 생각이 들었다.

또 한 번은 아랍에미리트의 민속박물관을 방문했다가 우리와 똑같은 모양을 한 맷돌이 전시되어 있는 것을 보고 깜짝 놀란 적이 있다. 아랍의 음식에 콩류가 많아 비슷한 도구가 있을 것이라는 생각은 들었으나, 가운데 구멍이 뚫린 2개의 원형 돌을 위아래로 놓고 옆에 어처구니가 있는 것까지 똑같아 과거 고려시대 아라비아 상인들과 교역이 이루어지던 당시 우리나라에서 전파되었을 것이라는 상상이 들었다. 이렇게 서로 비슷한 점이 많다는 사실은 앞으로 양국이 좀 더 친밀하게 발전하는 데 아주 중요한 부분이라고 본다.

4 / 아랍에미리트에 부는 한류

2010년 이후 우리나라와 아랍에미리트의 관계가 긴밀해지면서 양
국 국민 간 접촉과 교류도 보다 활발해졌다. 특히 이 시기에 지구촌 곳
곳에서 일어난 케이팝(K-Pop)의 열풍은 중동에도 예외 없이 불어닥
쳤다. 아랍에미리트에서는 대학이 남자대학과 여자대학으로 나뉘어
있는데, 여자대학에서 한류의 열기는 상상 이상이다.

2010년부터 서서히 여자대학에서 한류 클럽*이 자생적으로 생기더
니 2013년에는 6개 여자대학에 1,000여 명의 회원이 생겨났다. 우리
나라 기준으로는 적은 수지만 자국 인구가 100만 명 정도인 아랍에서
1,000여 명의 여학생들이 스스로 모여 한류 클럽을 만들고 한국 영화
와 드라마, 최신곡을 다운받아 소장하고 한국말을 배우려고 인터넷을

---

* UAE 대학교에 회원 600명 정도로 가장 큰 '아리랑클럽'이 있고, 자이드 대학교에 회원 200명 정
　도의 '코리아클럽'이 있다.

찾는 모습을 보면 신기하기 그지없다. 아직 흥행성이 있을 만큼 시장 규모가 크지 않아 유명 가수 그룹이 본격적인 공연을 한 적은 없으나, 한국에서 문화공연단이 오면 어김없이 이들 한류 클럽 회원들이 검은 전통복장인 아바야를 입고 단체로 객석의 상당 부분을 차지한다. 태권도 시범단이나 비보이 그룹이라도 오는 날은 축제일이 되어 버스까지 대절해 먼 곳에서도 단체로 참석하고, 공연이 끝나도 열기가 가라앉을 때까지 그 자리를 떠나지 못한다.

배우 송중기 씨가 영화 홍보차 방문한 적이 있는데, 본인의 한국말 인사를 객석에서 알아듣고 한국말로 합창하듯 응대하자 "진짜 한국말을 알아듣는 겁니까?"라고 놀라워했다. 이 여학생들은 한국을 방문하는 것이 최대 희망사항이라고 한다. 한국에서 공부해보고 싶다고도 한다. 이들이 사회에 진출하고 미래에 중요한 의사결정을 할 때 젊은 시절 가졌던 한국에 대한 동경심은 국가 간 관계와 비즈니스에도 영향을 미칠 것이다. 가장 규모가 큰 UAE 대학과 자이드 대학에서 현재 정식으로 한국어를 가르치고 있으며, 한국말로 토론하는 '한모'라는 별도의 회화 클럽도 학교 밖에서 자발적으로 활동하고 있다.

아부다비의 대학들도 우리나라의 대학처럼 매년 봄에 학내 축제를 개최하는데, 이때가 되면 어김없이 한류 클럽의 임원진들이 여러 가지 지원을 요청해온다. 한복이나 전통악기와 같은 장식물이나 한국을 상징하는 사진 또는 포스터를 요청하기도 한다. 대사관에서는 김밥이나 떡볶이 같은 한국음식을 지원하기도 하고, 형편이 되면 태권도 시범이나 한국무용 공연을 주선해주기도 한다. 현지에 진출해 있는 우리나라 업체들의 후원으로 기업의 지역사회봉사(CSR) 차원에서 TV

세트, 스마트폰, 서울행 비행기표 등이 행사 경품으로 나오는 경우도 있는데, 미래의 잠재 소비자를 대상으로 한 기업홍보 효과도 크다.

사람과 사람 간의 접촉이 늘어나야 국가 간의 우호관계도 오래 지속될 수 있다. 한두 개의 대형 프로젝트는 시간이 지나 완성되면 끝이지만, 상대 국가와 문화에 대한 이해의 폭이 넓어지면 관계가 오랫동안 이어질 수 있고, 궁극적으로 양국 관계도 더욱 발전할 것이다. 이해의 폭을 넓히는 가장 좋은 방법은 상대 국가를 방문하는 일일 것이다. 필자는 이러한 신념으로 양국 국민 간 방문 횟수를 늘리기 위해 노력했다. 관광, 의료 방문, 공무원 교류, 학생 교류 등 각 분야별·기관별로 방문을 적극 주선했는데, 양국 관계가 더욱 긴밀해지고 지도자층의 관심이 급증하면서 상승작용을 일으켜 한번 방문한 사람을 통해 입소문이 나서 불과 2~3년 만에 우리나라에 대한 관심이 급격히 높아지는 것을 목격했다.

우리나라를 경험해본 아랍에미리트 사람들의 평가는 몇 마디 말로 집약할 수 있다. "한국에는 없는 것이 없다", "도시가 깨끗하고 역동적이다", "차별이 없고 안전하다", "의료수준이 대단히 높다. 3시간 만에 건강검진을 완전히 끝내주는 것이 놀랍다", "생각보다 가깝다", "제주도가 정말 최고다" 등등이 그 평가이다. 어떤 이는 자식을 서울로 유학시키기로 결정하고, 본인도 1년에 2~3번 서울에서 체류하다 간다. 그동안 여행이라면 미국과 유럽, 아시아에서는 싱가포르 등을 주로 선호하던 아랍에미리트에서 최근 한국이라는 새로운 목표지가 추가되었다.

5 /
보건의료 협력의 서곡

　어느 나라나 건강 문제는 국민들의 최대 관심사로, 보건의료 정책은 모든 정부의 주요 정책 분야이다. 이는 아랍에미리트를 포함한 중동 지역에서도 마찬가지다. 치료를 위해 외국으로 나가는 사람들이 많다 보니 외국 병원의 유치, 자국 병원의 체계적 육성, 중증 환자에 대한 해외 치료 지원이 정부의 주요 관심사가 되고 있다. 한편, 우리나라도 원전, 유전, 건설 분야 외에 양국 관계의 확대 발전을 위해 기여할 분야를 찾던 중 보건의료 협력에 주목하게 되었다. 우리나라는 최고의 인재들이 세계 최고 수준의 의료시설과 진료 서비스를 제공하고 있어 글로벌 수준의 의료 경쟁력을 갖추고 있다. 또 최근에는 외국 환자 유치에 관심을 갖는 병원들이 늘어나는 추세이다. 이에 따라 아랍에미리트와의 보건의료 협력은 양국 간의 협력 범위를 넓히고 양국 국민들 간 접촉점을 넓히는 계기가 될 것으로 생각된다.

우리나라와 아랍에미리트 간의 보건의료 협력은 3년 전부터 시작되었다. 2011년 2월에 우리나라 보건대표단이 아랍에미리트를 방문하여 연방 보건부와 아부다비 보건청, 두바이 보건청 등을 대상*으로 우리나라의 의료수준과 협력의지를 알렸고, 3월에 한국에서 아랍에미리트 환자의 치료를 위한 약정이 최초로 체결되었다. 그러나 이렇게 약정은 체결되었으나 환자가 우리나라로 와서 실제로 치료를 받는 것은 별개의 문제였다. 우리나라 병원들에 대한 실사와 선정 작업이 이루어져야 하고, 환자가 우리나라로 와서 치료받기를 희망해야 하는 것이다. 또 치료받은 환자가 우리나라의 의료수준과 서비스에 만족해야 지속적인 협력관계가 유지될 수 있다. 약정만 체결하고 후속조치가 뒤따르지 않으면, 신뢰가 무너지고 약정을 체결하지 않은 것만 못한 결과가 나올 수도 있기 때문이다. 이에 따라 양국 간 약정 체결 직후, 아랍에미리트 보건의료 분야 인사들이 우리나라를 방문하여 우리나라의 의료수준과 외국 환자의 진료환경을 직접 확인했다. 우리나라 의료기관들이 중동 환자를 맞기에는 아직 언어나 음식 등 제반 서비스에서 개선해야 할 점이 많지만, 높은 의료수준과 손님을 환대하는 우리 고유의 친절성 등에 깊은 인상을 받은 것으로 보였다. 이때부터 보건의료 협력이 급속히 진전되었다.

이후 2011년 11월에 아부다비 보건청 의장 및 보건청장이 방한하여 우리나라의 서울대학교병원, 삼성의료원, 아산병원, 강남성모병원과 구체적인 환자 송출 계약을 체결하였다. 그리고 12월에 성대결

---

* 아랍에미리트의 보건의료 분야는 각 에미리트 소관으로, 아부다비는 아부다비 보건청, 두바이는 두바이 보건청이 각각 담당하며, 북부 5개 에미리트는 연방 보건부가 담당하고 있다.

절 환자가 처음으로 우리나라에 입국하여 서울대학교병원에서 수술을 받고 치료에 성공했다. 이것이 아부다비 현지 언론에 크게 보도되어 아랍에미리트 환자 송출이 탄력을 받았다. 2012년에는 250여 명, 2013년에는 1,000명 가까운 환자와 가족이 우리나라를 찾았다. 송출 적격 병원도 세브란스병원, 이화여대부속병원 등 4개가 추가되었다. 아랍에미리트 정부는 환자 1명에 동반 보호자를 2명까지 허용하는데, 환자들은 개인 비용으로 전 가족을 동반하기도 하고, 최소 2주일에서 길게는 1년까지 치료를 위해 체류하기도 한다. 우리나라 병원들은 이러한 수요에 맞추어 중동 환자에 대한 맞춤서비스를 충실히 준비하였고, 무엇보다 성심성의껏 환자들을 돌보았다. 그 결과 2년 만에 우리나라는 아부다비 보건청의 환자 송출국 순위에서 독일, 영국, 미국에 이어 4위로 뛰어올랐다. 치료가 시작된 이후 아랍에미리트 사람들의 우리나라에 대한 긍정적인 인식도 크게 늘어난 것으로 보인다.

아랍에미리트의 군(軍)에서도 군인과 군속, 제대 군인들을 위한 별도의 환자 송출 계획을 운영하고 있는데, 민간 부문에서의 성과에 힘입어 2012년 11월 21일 군과 우리 보건산업진흥원이 환자 송출을 내용으로 하는 별도의 약정을 체결하였고, 이듬해 1월에 첫 환자가 우리나라로 송출된 이후 2013년 11월까지 70여 명의 환자가 치료를 받았다.

한편, 두바이에서는 2012년 초 두바이 보건청에서 실시한 재활병원 경영 프로젝트 입찰에 우리나라의 보바스 병원이 참여하여 두바이 재활센터의 경영권을 획득하였다. 우리나라 병원으로서는 해외 병원 운영 첫 사례이며, 이 진출로 그동안 큰 성과가 없었던 우리나라 병원의 해외 진출이 탄력을 받을 것으로 보인다.

아랍에미리트와 보건의료 협력이 시작되면서 우리나라로서는 국가 간 환자 유치, 국영 보험회사와의 직불 계약 체결, 보건의료 정보 시스템 지원, 원격 의료센터 개설 등 여러 가지 사업을 경험하게 되었으며, 이것은 우리나라의 의료수준을 한 단계 향상시키고 국제적인 경쟁력을 갖추는 데 일조했다. 아랍에미리트와의 보건의료 협력 소문이 퍼지면서 사우디아라비아, 쿠웨이트 등 인접 국가와의 의료 협력도 최근 더욱 탄력을 받았다.

아랍에미리트와의 보건의료 협력 과정에서 많은 것을 느끼고 배울 수 있었다. 처음에는 우리나라의 의료수준이면 충분하다고 생각했으나 문화적 차이가 크고 교류의 역사가 짧은 경우에는 언어나 음식, 교통수단과 같은 부대 서비스가 더 중요한 문제가 될 수도 있다는 사실을 새롭게 알게 되었다. 나라에서 보내주는 경우라도 환자 본인이 치료지를 정하기 때문에 익숙한 영국이나 독일이 아닌 생전처음 가보는 생소하기 그지없는 우리나라에서 치료받게 하려면, 환자가 편하게 느끼도록 언어, 음식, 교통수단 등이 잘 제공되어야 하고, 아울러 함께 오는 가족들을 위한 호텔, 쇼핑, 관광 같은 것들을 쉽게 제공할 수 있어야 한다. 또 한 가지는, 정부 대 정부 차원에서 이루어진 성과가 앞으로 민간 차원의 의료 관광으로 확산될 수 있도록 좀 더 홍보해야 하고, 환자가 늘어나더라도 서비스의 질이 떨어지지 않도록 병원들 스스로 각별히 노력해야 한다. 의료 협력이 지속적으로 이루어지려면 의료수준도 중요하지만 사람들의 마음을 감동시키는 문화적 감수성도 필요하다. 물론 언어 능력은 필수이다.

6 / 대학 간 교류와 협력에 대한 기대

아랍에미리트에는 아부다비와 두바이를 중심으로 30여 개의 대학이 있다. 그 대학들은 정부가 직접 설립하고 자금을 지원하는 국립대학, 민간 재단이 세운 사립대학, 외국의 유명 대학에서 분교 형식으로 진출한 외국계 대학 등으로 구분된다. 아랍에미리트의 대학 중에서 학생 수가 가장 많고 인지도가 높은 국립대학으로는 UAE 대학교, 고등기술대학, 자이드 대학교를 들 수 있다.

1976년에 설립된 UAE 대학교는 아랍에미리트 최초의 국립종합대학으로, 아부다비에서 자동차로 2시간 남짓 거리인 알아인에 있으며, 학생 수는 1만여 명에 이른다. 총장은 연방 고등교육과학부 장관이 겸하고 있다.

고등기술대학은 아랍에미리트의 국적을 가진 학생만 입학할 수 있는데, 공과대학 위주로 산업인력 양성을 위해 1988년에 설립되었다. 2만여 명의 학생이 재학하여 학생 수 기준으로는 아랍에미리트에서 최대 규모이며, 아부다비와 알아인, 두바이 등 전국의 각 지역에 17개의 캠퍼스가 있다. 남학생과 여학생이 다닐 수 있는 캠퍼스로 구분되는데, 알아인에 있는 고등기술대학의 경우 남학생 캠퍼스와 여학생 캠퍼스가 따로 떨어져 별도로 있다.

자이드 대학교는 우리나라의 여자대학교처럼 여학생만 다닐 수 있는 국립여자대학으로 1998년에 설립되었으나, 최근에는 남학생도 입학하며 아부다비와 두바이의 캠퍼스에 7,000여 명의 학생이 재학 중이다.

아부다비에 있는 또 다른 대학으로는 우리나라 과학기술원(KAIST)과 협력관계를 맺고 있는 칼리파 대학교, 탄소 배출이 없는 청정 도시로 조성 중인 마스다르 시에 설립된 마스다르 대학원, 사립대학이지만 재단의 주요 구성원으로 정부의 장관 등이 참여하고 있는 아부다비 대학교, 외국 대학의 분교 형태인 뉴욕 대학교와 파리 소르본 대학교 등이 있다. 이들 대학에는 우리나라의 학생들을 포함하여, 세계 여러 나라에서 온 다양한 국적의 학생들이 다니고 있다. 특히 마스다르 대학원은 외국인 학생 유치를 위해 노력하고 있는데, 학비 면제와 기숙사 제공 이외에 매월 생활비도 지원하는 파격적인 조건을 제시하고 있다.

외국인 학생 유치를 위해 노력하는 것은 아랍에미리트의 대학뿐만 아니라 우리나라의 대학도 마찬가지이다. 고등기술대학과 아부다비 대학교는 우리나라의 서울과학기술대학교와 협력관계를 맺고 있다. 2013년 4월 서울과학기술대학교가 학생 교류를 활성화하고 학점 상호 인정 제도 등을 협의하기 위해 고등기술대학과 아부다비 대학교를 방문한 적이 있는데, 이들 대학 관계자들은 한결같이 동일한 질문을 하였다. 한국의 대학에서 강의가 영어로 이루어지는지 한국어로 이루어지는지, 중동 지역 학생들을 위한 기숙사와 기도 시설(prayer room)이 갖춰져 있는지, 그리고 할랄 음식*이 준비되는지 등에 대한 질문이었다. 이들 대학과의 협의 과정에서 양 대학 간에 점차적으로 학생 교환을 늘려 나가고, 한 학기 정도 서로의 대학에서 학점을 이수하자는 데 뜻을 같이하였는데, 우리도 중동 학생 유치를 위한 세심한 준비가 필요한 것으로 보인다.

한편, 고등기술대학에서는 고가의 실험장비나 기계, 예를 들어 3차원 조각을 미리 입력된 방식으로 수행할 수 있는 장비(CNC: computerized numerical control machine)가 있는데, 우리나라 대학원생이 한 학기 정도 이 장비를 운영하면서 학점을 받는 방안에 대해서도 제의하였다. 학생 수가 우리나라보다 적고 실습 장비가 잘 갖추어져 있어 실험장비나 기계를 사용하는 데 상대적으로 여건이 좋은 편이다.

아랍에미리트에서는 주로 영국이나 독일, 미국의 대학으로 유학을 떠난다. 앞으로는 우리나라에서도 이들 수요를 일부 흡수했으면 좋겠다. 중동 지역의 학생들을 우리나라로 유치하기 위해서는 영어로 강의하는 프로그램 개발, 기숙사 시설과 같은 인프라 확충이 먼저 뒷받침되어야 할 것이다. 중동 지역에서는 입소문과 사례가 중요하다. 누가 어디에 다녀왔다고 하면, 그 소문에 이끌려 또 다른 사람들이 찾으려 한

---

* 할랄(halal)은 '허용된'이라는 의미로, 할랄 음식은 이슬람을 믿는 무슬림이 먹을 수 있도록 특별한 방법으로 도축되거나 제조된 음식 또는 식제품을 의미한다. 최근에는 할랄 음식에 대한 수요가 급격히 늘어나면서 이에 대한 국제인증제도 도입되고 있어, 향후 우리 식품의 국제화를 위해서는 할랄 인증에 대한 관심이 필요할 것으로 보인다.

다. 요즘 병원 치료를 위해 우리나라를 찾는 중동 사람들이 많아진 것이 그 예이다. 앞으로 우리나라 대학들이 서로의 문화 교류에 큰 기여를 할 수 있는 중동 지역 학생 유치에 많은 관심을 가지기를 기대해본다.

아부다비와 두바이의 주요 대학

대학명	소재지	개교	학생수	비고
UAE University	아부다비 (알아인)	1976년	1만 4,000여 명	국립, 최초의 종합 대학
고등기술대학 (Higher Colleges of Technology)	전국 각 지역 17개 캠퍼스	1988년	2만여 명	국립, 국적자만 입학
Zayed University	아부다비, 두바이	1998년	7,000여 명	국립, 여자대학으로 출발
Petroleum Institute	아부다비	2001년	1,300여 명	아부다비 석유공사 후원
Abu Dhabi University	아부다비	2003년	4,000여 명	사립 (외국인 학생 약 60%)
Al Hosn University	아부다비	2005년	N.A	사립
Khalifa Univ. of Science, Technology & Research	아부다비, 샤르자	2007년	1,200여 명	국립 (원자력공학 등 공과계열)
Masdar Institute	아부다비	2009년	300여 명 (50여 개국)	대학원 과정
Paris – Sorborne Univ. Abu Dhabi	아부다비	2006년	600여 명 (60여 개국)	프랑스계
New York Uni. Abu Dhabi	아부다비	2010년	400여 명	미국계
University of Wollongong, Dubai	두바이	1993년	4,000여 명	호주계
American University Dubai	두바이	1995년	2,600여 명	미국계
Al Ghurair University	두바이	1999년	1,000여 명	알 구라이르 그룹 설립
BITS, Pilani Dubai	두바이	2000년	1,500여 명 (20여 개국)	인도계

British University in Dubai	두바이	2003년	N.A	영국계
Middlesex University Dubai	두바이	2005년	1,000여 명 (50여 개국)	영국계
Heriot − Watt University Dubai	두바이	2005년	2,300여 명	영국계
Murdoch University Dubai	두바이	2008년	N.A	호주계
University of Waterloo UAE	두바이	2009년	N.A	캐나다계
Michigan State Uni. Dubai	두바이	2007년	N.A	미국계
Troy University Sharjah	샤르자	1990년	N.A	미국계
American University of Sharjah	샤르자	1997년	5,300여 명	미국계
University of Sharjah	샤르자	1997년	1만여 명	사립
Ajman University of Science & Technology	아지만	1988년	N.A	사립
Preston University Ajman	아지만	N.A	N.A	파키스탄계
University of Bolton Ras Al Khaimah	라스 알카이마	N.A	280여 명	영국계

자료: 각 대학 홈페이지.

7 / 우리나라로의 **중동 관광객 유치**

아랍에미리트에서는 휴가 때 많은 사람들이 가족 단위 해외여행을 떠난다. 사우디아라비아나 인근 중동 국가 사람들은 개방된 분위기와 자유로운 쇼핑을 즐기기 위해, 유럽 사람들은 주로 겨울철에 뜨거운 햇빛과 바다를 찾아 아랍에미리트로 여행을 오지만, 아랍에미리트 사람들은 뜨거운 여름을 피하여 유럽이나 동남아시아 등으로 여름휴가를 떠난다. 또한 라마단이 끝나는 기간과 희생제 종료 후에 주어지는 이드 휴일을 활용하여 1~2주간 외국으로 휴가를 다녀오곤 한다.

최근 아랍에미리트에서는 우리나라로 여행을 오고 싶어 하는 사람들이 부쩍 늘어나고 있다. 〈대장금〉 같은 한류 드라마나 케이팝의 영향 때문이기도 하고, 원전 수주 이후 우리나라와의 관계가 급속하게 가까워져 최근 우리나라를 다녀간 사람들로부터 여러 가지 애기를 전해 듣고 안전에 대한 우려가 불식되어 심리적으로 친숙해진 영향도 있을 것이다. 아랍에미리트의 한 지인은 정부 간 공무원 교류 차원에서 우리나라에 다녀온 뒤, 가족과 함께 다시 한 번 찾고 싶다고 하였다. 그러면서 우리나라의 어디를 방문하면 좋을지 여행에 대한 정보와 자문을 요청했다. 우리는 외국을 여행할 때 여행사가 정해주는 코스에 따라 움직이는 패키지 상품에 익숙해 낯선 곳으로 여행하는 데 별로 어려움이 없지만, 중동 사람들이 선호하는 한 가족 단위의 소규모 관광인 경우에는 낯선 곳으로 여행하는 것이 쉽지 않을 것이다.

우리나라를 찾는 중동 지역 관광객이 부딪히는 어려움 중 하나는 음식이다. 중동 관광객들은 주로 인도나 레바논식 음식을 원하는데, 우리나라에는 이러한 음식점들이 많지 않다. 이태원에 몇 군데 이슬람 음식점이 있지만 찾아가기가 쉽지 않다. 음식점이 도처에 그렇게 많아도 사실 중동 지역 관광객들이 우리식 식당에서 입맛에 맞는 음식을 선택적으로 주문하기는 보통 어려운 일이 아니다. 더욱이 돼지고기를 금기시하고 할랄 음식을 가려서 먹어야 하니 음식 선택이 더 어려울 것이다. 다만, 우리의 전통 한식은 채소를 많이 사용하고 대체로 이들의 입맛에 맞기 때문에 전통 한식을 제공하는 인사동이나 남산의 유명한 음식점을 일부러 찾는 이들도 많다.

중동 지역의 관광객들이 느끼는 또 다른 어려움은 의사소통이다. 모두 그런 것은 아니지만 대부분의 GCC 지역 국가 사람들은 영어권과의 접촉이 많고 외국에 유학한 경험이 있어 대체로 영어로 의사소통이 가능하며, 여행 중 의사소통에 큰 어려움을 느끼지 않는다. 그러나 우리나라에 오면 가이드 없이 혼자 다니기가 쉽지 않고, 특히 서울에서 다른 지방으로, 한 지방에서 다른 지방으로 이동하기 위해 기차를 타거나 택시 등을 이용할 때 많은 어려움을 겪는다고 호소한다.

중동 지역 관광객들에게 서울에서 방문지로 추천할 만한 장소는 꽤 많다. 서울의 이화여대, 남대문시장과 명동, 동대문의 의류시장, 인사동, 모스크가 있는 이태원 등이 대표적이다. 특히 아랍에미리트에서는 대부분 남녀 대학이나 강의실이 분리되어 있기 때문에, 우리나라의 여자대학을 소개해주면 동질감을 느끼며 신기해한다. 또한 24시간 열려 있는 남대문시장과 명동도 좋아한다. 많은 인파와 볼거리, 상품의 홍수, 밤새 계속되는 열기는 중동에서 보기 힘들기 때문이다. 우리나라의 발전된 산업시설도 좋은 관광자원이다. 수원의 삼성전자 공장을 방문하고 싶어 하며, 고속철도(KTX)를 이용하여 부산 신항만, 울산의 자동차공장과 조선소, 포항의 제철소 등을 둘러보고 싶어 한다. 대부분의 중동 국가들이 산업 다변화를 추구하기 때문에, 우리나라의 산업시설들을 보고 본보기로 삼으려는 이유이다.

중동 지역 사람들은 외국 여행을 할 경우, 주로 가족 단위로 움직인다는 것이 특징이다. 단체 패키지를 즐기는데, 여기서 단체란 우리처럼 서로 다른 사람들이 모여서 함께 간다는 의미가 아니라, 한 가족이 다같이 여행을 떠난다는 의미이다. 따라서 중동 지역의 관광객을 유치하고자 한다면, 한 가족 단위의 여행 패키지가 좋다. 또한 가족 구성원별로 다양한 맞춤 프로그램이 필요하다. 예를 들면, 아버지는 건강진단을 하고 어머니는 관광을 가는 사이, 아이들은 함께 따라가는 내니(nanny, 아이들을 돌보는 도우미)들과 함께 놀이공원으로 가도록 준비하면 좋을 것이다. 중동 지역의 관광객을 관광진흥 차원에서 적극 유치하고자 한다면 이러한 특성과 취향을 세밀하게 감안한 프로그램을 마련하는 것이 필요하다.

가족 단위 여행을 선호하는 중동 지역 관광객들을 우리나라로 유치하기 위해서는 호텔 확충도 필요하다. 아랍에미리트의 경우, 세계적으로 유명한 고급 호텔들이 대부분 들어와 있다. 힐턴, 인터콘티넨털, 포시즌 등 잘 알려진 브랜드 외에도 아시아계의 켐핀스키, 아난타라, 두싯 타니, 샹그릴라 등도 경쟁적으로 운영되고 있다. 2011년도 기준 두바이에는 600여 개, 아부다비에는 130여 개의 호텔이 있으며, 현재도 호텔이 계속 신축되고 있다. 반면, 우리나라를 찾는 외국 관광객들이 호텔 부족으로 어려움을 많이 느낀다는 뉴스를 접한 적이 있다. 호텔 인프라 확충은 단기간에 해결될 수 없으나, 관광 산업 진흥을 위해서는 장기적인 관점에서 지속적으로 투자가 이루어져야 할 것이다.

우리나라의 호텔 인프라 확충과 관련해서 하나 염두에 두어야 할 부분은 의료관광 차원의 메디텔(Meditel)이다. 그간 독일이나 싱가포르 등에서 치료받던 환자들이 최근 우리나라를 찾는 사례가 늘어나고 있다. 2013년 상반기까지 아랍에미리트에서만 수백 명이 치료를 받기 위해 우리나라를 찾았다. 우리나라를 찾는 의료 환자들의 경우, 환자 혼자 오는 것이 아니라 보통 간병인이나 가족들을 동반하기 때문에 이들이 장기간 묵을 숙박시설이 필요하다. 소득수준이 높고 가족과 동반하는 중동 지역 관광객들이 우리나라를 계속 찾을 수 있도록 대형 병원과 연계된 수준 높은 고급 호텔과 메디텔 등에 대한 투자도 뒷받침되어야 할 것이다.

8 /
국내 은행 최초로 아부다비 지점 개설

2012년 12월 13일에 우리나라 은행으로는 처음으로 아부다비에 외환은행 지점이 문을 열었다. 그간 두바이에는 우리나라의 몇몇 은행과 보험사 등이 사무소 형태로 주재하면서 연락 업무 등을 해오고 있었다. 예를 들어, 2012년 말 현재 두바이에는 외환은행, 수출입은행, 코리안 리, 서울보증보험, 산업은행, 삼성화재, 우리은행 등의 사무소가 있다. 그러나 이들 사무소는 지점 형태가 아니기 때문에 직접적인 영업 활동은 하지 못하고, 본점이나 인근 바레인 등에 설치된 지점과 연계하여 영업을 하는 상황이었다.

아랍에미리트에는 23개의 로컬 은행과 함께, 28개의 외국계 은행 등 총 51개의 은행이 영업 활동을 하고 있는데, 아랍에미리트의 중앙은행은 지난 30여 년간 외국계 은행에 대한 신규 지점 개설을 거의 허용하지 않았다. 그러다가 2010년을 전후하여 우리나라의 외환은행,

아랍에미리트의 로컬 은행(2011년 말 현재 23개)

	은행명		은행명
1	National Bank of Abu Dhabi(NBAD)	13	InvestBank PLC
2	Abu Dhabi Commercial Bank(ADCB)	14	The National Bank of R.A.K
3	ARBIFT (Arab Bank for Investment & Foreign Trade)	15	Commercial Bank International
4	Union National Bank(UNB)	16	National Bank of Fujairah PSC
5	Commercial Bank of Dubai	17	National Bank of U.A.Q PSC
6	Dubai Islamic Bank PJSC	18	First Gulf Bank
7	Emirates NBD Bank(ENBD)	19	Abu Dhabi Islamic Bank
8	Emirates Islamic Bank	20	Dubai Bank
9	Mashreq Bank PSC	21	Noor Islamic Bank
10	Sharjah Islamic Bank	22	Al Hilal Bank
11	Bank of Sharjah PSC	23	Ajman Bank
12	United Arab Bank PJSC		

자료: Central Bank of the United Arab Emirates.

독일의 도이치 은행, 중국의 공상은행(ICBC), 일본의 미쓰비시 은행이 예외적으로 중앙은행으로부터 지점 설립을 신규로 승인받았으며, 외환은행은 2년여의 준비 과정을 거쳐 2012년 말 아부다비 지점을 개설한 것이다.

외환은행 지점 개소 행사에는 아랍에미리트의 알 수와이디 중앙은행 총재가 참석하여 축하해주었다. 외국계 은행의 지점 개소 행사에 중앙은행 총재가 참석한 것은 이례적인 일로, 알 수와이디 총재는 아랍에미리트와 우리나라의 관계가 매우 긴밀하기 때문에 개소 행사에 특별히 참석한 것이라고 귀띔해주었다.

외환은행 아부다비 지점은 아랍에미리트에서 활동 중인 기업을 고

아랍에미리트의 외국 은행(2011년 말 현재 28개)

	은행명		은행명
1	National Bank of Bahrain	15	Barclays Bank PLC
2	Rafidain Bank	16	Habib Bank Ltd
3	Arab Bank PLC	17	Habib Bank A.G Zurich
4	Banque Misr	18	Standard Chartered Bank
5	El Nilein Bank	19	Citi Bank N.A
6	National Bank of Oman	20	Bank Saderat Iran
7	Credit Agricole – Corporate & Investment Bank	21	Bank Meli Iran
8	Bank of Baroda	22	Blom Bank France
9	BNP Paribas	23	Lloyds TSB Bank PLC
10	Janata Bank	24	The Royal Bank of Scotland N.V.
11	HSBC Bank Middle East Limited	25	United Bank Ltd
12	Arab African International Bank	26	Doha Bank
13	Al Khaliji(France) S.A	27	Samba Financial Group
14	Al Ahli Bank of Kuwait	28	National Bank of Kuwait

자료: Central Bank of the United Arab Emirates.

객으로 하여 기업대출이나 보증, 무역금융, 송금이나 예금 등의 기업 금융 활동을 수행한다. 일반 개인을 대상으로 하는 소매금융은 영업 범위에서 제외된다. 아랍에미리트에는 2012년 말 현재, 160여 개의 우리나라 기업이 진출해 있고, 500억 달러 이상의 프로젝트가 진행되고 있어, 우리 기업들이 우선적으로 금융 거래 혜택을 볼 것이다.

중동 지역에는 2012년 말 현재, 3개의 국내 은행 지점이 진출해 있다. 아랍에미리트에 외환은행 지점, 바레인에 우리은행 및 외환은행 지점이 있다. 반대로, 우리나라에 진출한 중동 지역 은행으로는 이란

외환은행 아부다비 지점 개소 행사(2012년 12월 13일).

의 멜라트 은행 지점(2001년 개설), 사무소 형태의 카타르 도하 은행, 사우디아라비아의 국립상업은행, 요르단의 아랍 은행이 있다. 그리고 아랍에미리트의 퍼스트 걸프 은행과 아부다비 국립상업은행이 사무소 개설을 추진하고 있다.

　중동·북아프리카 지역에는 수조 달러의 인프라 구축 및 각종 개발 프로젝트가 추진되고 있다. 이들 프로젝트에 우리나라 기업들이 원활히 진출하기 위해서는 금융 지원이 필수적이다. 수출입은행뿐 아니라 일반 상업은행들도 우리 기업의 해외 진출과 비즈니스를 지원하기 위해 글로벌 영업을 확대해야 할 것이다. 그리고 더 나아가 우리나라의 금융기관들과 중동 지역의 금융기관들이 서로 협력하여 중동·북아프리카 지역에서 추진 중인 각종 프로젝트의 자금 조달을 공동으로 뒷받침하는 금융기관 간 협력도 적극적으로 추진되기를 기대한다.

UNITED
ARAB
EMIRATES

6부

글로벌 비즈니스 진출과
아랍에미리트

아랍에미리트는 중동의 허브 국가로 잠재력이 많으며, 최근 긴밀해진 우리나라와의 관계를 바탕으로 자국 산업 발전을 위해 우리 기술 기업들의 적극적인 진출과 투자에 많은 기대를 걸고 있다. 반면, 우리나라 기업들은 마지막 남은 주요 개척지로 중남미와 함께 중동·아프리카 시장에 관심이 많지만 여러 가지 제약여건으로 시장 개척에 과감하게 나서지 못하는 형편이다. 중동시장은 독특한 문화와 제도, 시장 구조 등으로 다가가기가 힘든 면도 있지만, 몇 가지 점만 유의하고 사전준비를 철저히 한다면 충분히 개척이 가능하다. 특히 GCC 국가 중에서 가장 개방된 아랍에미리트는 중동시장으로 나아가기 위한 거점지이기도 하다. 한편, 중동 자본 유치를 자주 얘기하지만 사실 성공한 사례가 많지 않다. 투자 진출과 마찬가지로 중동 지역의 금융·자본시장도 그 특성과 구조를 잘 이해한다면 보다 쉽게 다가갈 수 있을 것이다.

1 / 극복해야 할 비즈니스의 간극

아랍에미리트는 많은 비즈니스 기회를 제공하는 나라이다. 최근 몇 년 사이 모든 분야에서 우리나라와 급속도로 가까워졌지만 두 나라가 비즈니스에서 서로 윈윈하며 발전해 나가기에는 아직 극복해야 할 심리적 거리감이 존재하는 것 같다.

무엇보다 두 나라는 서로 잘 알지 못한다. 아랍에미리트도 분명 아시아에 속하고 여러 가지 생활양태나 사고가 아시아적이지만, 때로는 낯설게 느껴지기도 한다. 지리적으로 거리가 너무 멀고 역사적으로 교류가 활발하지 않았기 때문일 것이다. 중국이 1990년대 초반에 영공을 개방하기 전까지, 중동을 가려면 태국 쪽으로 멀리 돌아서 가는 항로밖에 없었고, 최근에야 서울과 아부다비 간 직항편이 생겼다. 우리가 지난 40년간 중동의 석유를 사오고 우리 건설업체들이 오랜 기간 중동의 건설 사업에 참여해왔지만 지금처럼 모든 분야에서 왕래가 빈번하고 아부다비와 두바이에 한국 사람이 본격적으로 진출한 것은 최근의 일이다.

앞에서도 이야기했듯이, 2013년에 우리 교민이 1만 명을 넘어섰지만 불과 3년 전만 해도 5,000명 남짓이었다. 또한 2000년대 중반부터 두바이가 우리에게 알려지기 시작했고, 아부다비의 개발 붐을 타고 우리나라 기업들이 원전을 포함한 대형 플랜트 공사를 수주하기 시작하면서 양국 관계가 급속히 가까워졌기 때문에 지금처럼 서로 잘 알기 시작한 것은 기껏해야 10년 정도에 불과하다.

에미라티들이 우리나라의 기업들과 비즈니스를 하고 싶다면서 왕왕 대사관에 주선을 요청하곤 하는데, 특정한 분야나 상품보다는 "한국 기업이 기술적으로 훌륭해서 같이 비즈니스를 하고 싶으니 소개해 달라"고 막연히 요청하는 경우가 많아 당혹스러울 때가 있다. 이에 반해, 우리 기업인들은 "새로운 시장으로 떠오르는 중동 지역에 진출해야겠는데, 현지 사정을 잘 몰라서 어려움이 많다"고 호소하는 경우가 많다. 쌍방이 서로를 간절히 원하는데 그 사이에 큰 강이 흐르고 있다는 느낌이 들 때가 많다. 강 한편에서는 중동 사람들이 건너오라고 열심히 손짓하는데, 반대편에서는 강 건너를 바라보며 건너가고 싶지만 걱정되어 망설이는 것 같은 인상을 받을 때가 많다.

이러한 심리적 거리감을 좁혀주기 위해 기업 간 만남을 주선하는 행사가 종종 개최되지만, 거리가 좀처럼 좁혀지지 않는다. 정부나 기업이 주관하는 투자사절단, 시장조사단을 통해 기업 간 만남의 장이 마련되어도 서로 입질만 할 뿐 성사되는 경우가 드물다. 그래서 많은 기대를 안고 먼 길을 온 우리나라 기업들도 좌절하고 주선한 사람들도 기운이 빠지는 경우가 종종 있다. 우리나라 대기업들은 자체 정보망과 글로벌 네트워크, 오랜 진출 경험을 통해 스스로 잘 헤쳐 나가지만, 처음 진출하는 중소기업들은 익숙하지 않은 환경과 시장 정보 부족 등으로 첫발을 내딛기가 결코 쉽지 않다.

우리에게 중동은 개척해야 할 중요한 시장임이 분명하다. 중동은 그 자체로 성장하는 주요 시장이지만 마지막 남은 개발지인 아프리카로 진출하기 위한 중요한 중간 기착지이기도 하다. 우리나라 기업들의 살길이 글로벌화에 있다면, 이런 보이지 않는 심리적 거리감은 반드시 좁히고 극복해야만 한다. 기업은 기업대로 중동시장에 대한 정보 습득과 진출 기반을 마련하기 위한 노력을 좀 더 기울일 필요가 있고, 정부나 관련 지원 기관들은 만남의 장을 마련하는 데서 한 발 더 나아가 진출을 희망하는 기업들에게 시장 정보 제공과 초기 정착 기반을 지원하는 등 보다 세밀한 노력이 필요하다.

또한 비즈니스의 바탕이 사람 간의 접촉이라는 점을 생각하면 관광, 문화, 교육 등 다방면에 걸친 다양한 채널이 구축되어 서로에 대한 이해의 폭을 넓힐 필요가 있다. 원전 수주 등을 통해 양국 관계가 어느 때보다 긴밀해진 점을 적극 활용해, 이러한 신뢰와 모멘텀이 지속될 수 있도록 외교적 노력을 강화해야 할 것이다.

2 / 아랍에미리트의 기회 요인

앞에서 아랍에미리트의 경제를 구성하는 각 부문과 양국 관계의 중요성에 대해 살펴보았지만, 우리나라 기업이 지향하는 글로벌 비즈니스 관점에서 아랍에미리트의 장점을 요약해보면 다음 네 가지로 압축할 수 있다.

첫째, 막대한 국부와 성장 잠재력이다.

세계 7위 산유국인 아랍에미리트는 매년 1,000억 달러 이상의 원유를 수출하고 있다. 아랍에미리트 정부는 하루 280만 배럴에 머물고 있는 원유 생산량을 350만 배럴 수준으로 지속적으로 늘리고, 세계 7위인 가스 생산량도 적극적으로 늘리고 있다. 따라서 국제 유가가 배럴당 100달러 내외 수준을 유지한다면 석유가스로 인한 아랍에미리트의 재정 수입은 계속 늘어날 것으로 예상된다. 더욱이 지난 10여 년에 걸쳐 석유가스 부문의 다양화와 부가가치 제고를 위해 정유, 석유화학 등 이른바 하류 부문에도 적극 투자해왔기 때문에 아랍에미리트 경제의 주력 산업인 석유가스 부문의 경쟁력은 앞으로 더욱 높아질 것으로 예상된다.

아랍에미리트는 2012년 말 호르무즈 해협을 우회할 수 있는 총연장 360킬로미터의 육상 송유관*을 개통하였고, 인도양에 접해 있는 후자이라 에미리트에 석유가스 관련 프로젝트들을 대거 개발함으로써 석유가스 부문의 안전성을 크게 높였다. 또한 석유가스 부문에서 얻은 수익을 세계 최고 수준의 국부 펀드인 아부다비 투자청(자산 6,000억 달러 추정) 등 각종 국부 펀드에 차곡차곡 쌓아가고 있으며, 세계 각국으로부터 기용된 투자전문가나 자산운용사 등을 통해 전 세계의 주요 자산에 분산 투자하고 있다. IMF는 아랍에미리트가 2013~2018년에 3~4% 내외의 성장을 지속할 것으로 예측하고 있다.**

둘째, 적극적인 경제개발과 산업 다각화 노력이다.

아랍에미리트는 유한한*** 석유가스에의 의존도를 낮추기 위한 중장기 계획을 마련해 부단히 노력하고 있다. 현재의 지리적, 환경적, 경제사회적 한계 안에서 아랍에미리트가 가지고 있는 자원을 최대한 집중 투자해 미래의 안정적인 먹거리를 창출하기 위해 온 노력을 경주하는 것이다. '아부다비 경제 비전 2030' 계획은 이러한 구상을 압축하여 표현한 것으로, 신공항, 신항만, 신산업단지 조성과 함께 전국을 교

---

* 아부다비 내륙 유전 지역인 합샨과 동부 해안의 석유 수출항인 후자이라를 연결하는 송유관으로 하루 150~180만 배럴의 수송능력을 보유한 것으로 알려져 있다.

** IMF (2013. 7), UAE 2013 Article IV Consultation, IMF Country Report No. 13/239.

*** 아랍에미리트의 원유 매장량은 978억 배럴로 추정되며, 현재 추세(연간 10억 배럴)로 생산할 경우 100년 정도 생산이 가능하다.

통, 통신으로 연결해 경쟁력 있는 물류, 관광 산업을 육성하려는 계획이 촘촘하게 되어 있다.

아무리 좋은 계획도 재원과 열정, 리더십이 뒷받침되지 않으면 허울뿐인 청사진에 그칠 수도 있으나, 아랍에미리트는 수립한 계획을 뒷받침할 수 있는 충분한 재원뿐만 아니라, 국가 발전을 위한 비전과 높은 열정, 미래 지향적 리더십까지 갖추고 있어 실현 가능성이 대단히 높은 나라라고 할 수 있다.

또한 산업화와 관련해 인력과 토지의 중요성도 무시할 수 없는데, 아랍에미리트는 우리나라처럼 교육과 산업 훈련 등 인재 양성에 정책의 높은 우선순위를 두고 있다. 현재도 다양한 외국 인력을 국내에 유입시켜 산업 각 분야에 적절히 배치함으로써 경제개발에 잘 활용하고 있으나, 장기적으로는 자국 인력을 통한 산업화가 반드시 필요하다는 인식이 강하다. 실제 현지인화(emiratization)와 대학 졸업생의 민간 부문에 대한 고용 촉진은 현지 신문에 자주 등장하는 단골 주제이다. 아랍에미리트는 북아프리카나 인도, 파키스탄, 네팔 등 인근 국가에서 유입되는 풍부한 노동력을 저렴하게 확보할 수 있으며, 개발 가능한 풍부한 토지를 바탕으로 새로이 조성되는 산업단지의 경우 분양 가격이 상대적으로 저렴하다는 이점을 가지고 있다.

셋째, 전략적 위치와 개방적인 경제정책이다.

지도로 보면 아랍에미리트는 아시아와 유럽, 아프리카와 중앙아시아 한가운데에 위치하고 있다. 특히 중동의 한가운데에 있어 4~5시간 비행 거리 안에 주요 신흥 지역이 모두 연결되는 아주 좋은 지리적 입지에 있다. 에미리츠 항공과 에티하드 항공은 세계의 내로라하는 항공사 가운데에서도 최신예 항공기인 A380 주문을 주도하면서 인근 카타르 항공과 함께 '세계에서 가장 빠르게 성장하는 3대 항공사'로 발전하였다. 아부다비와 두바이는 중동의 허브로 부상해, 우리나라에서도 아프리카에 갈 경우 유럽을 거치지 않고 이 두 도시를 경유한다.

최근에는 '아랍의 봄' 이후 많은 중동 지역 국가들이 혼란과 어려움을 겪고 있어 아랍에미리트의 안전성과 개방성이 더욱 돋보인다. 튀니지, 이집트, 예멘, 시리아처럼 오랜 기간 독재 체제에 있던 대통령제 중심 국가들이 흔들리면서 일부 GCC 국가들도 다소 긴장했으나, 그런 가운데서 가장 안정성을 유지한 나라는 소득이 높고 정권의 정체성이 높은 아랍에미리트와 카타르로 평가된 바 있다. 2009년 이후 어려움을 겪던 두바이 경제가 최근 다시 살아나는 것도 인근 다른 국가들과 비교해 아랍에미리트가 지니고 있는 이런 상대적 이점을 반증하는 것이다.

최근 들어 케냐, 탄자니아, 모잠비크 등 동아프리카 지역에서 가스전이 속속 발견되는 점도 아랍에미리트의 지리적 중요성을 더하는 요소로 작용하고 있다. 아프리카의 성장성이 커질수록 그동안 아랍에미리트를 중동 비즈니스의 허브로 활용해온 주요 글로벌 기업들이 아프리카까지 포함한 중동·아프리카 전체의 진출 기지로서 더욱 주목할 것으로 보인다.

또한 아랍에미리트가 세금이 없는 나라라는 점도 이들 지역에서 무역업을 하는 기업들로서는 중요한 의미를 갖는다. 아랍에미리트 시장을 거치면서 그만큼 세금 혜택을 누릴 수 있고, 이것이 아랍에미리트가 허브 역할을 할 수 있는 주요 요인이 되기 때문이다. 그리고 무엇보다 아랍에미리트 정부 스스로 다른 변수가 없는 한 현재와 같은 개방적인 경제와 허브화 정책을 계속 견지해나갈 것이라는 점이다. 우리나라가 개방경제를 통해 높은 성장을 이루어왔듯이, 아랍에미리트도 개방경제를 지향해 그에 걸맞은 투자유인 정책과 경제제도를 지속적으로 발전시켜 나가고 있다. 그 밖에 외화 송금이 자유롭고 단체 행동이 금지되어 있다는 것도 아랍에미리트가 허브가 될 수 있는 충분조건이 되고 있다.

넷째, 최근의 '친아시아(Look East)' 경향이다.

지난 200년간 영국과 긴밀한 관계를 유지해온 아랍에미리트에서 유럽계 선진국들의 영향력은 아직도 계속되고 있다. 10만 명 이상의 영국인이 아랍에미리트에 살고, 프랑스, 독일, 이탈리아 기업들의 비즈니스 활동도 대단히 활발하다. 그러나 최근 아랍에미리트는 신흥지역 중에서도 가장 눈에 띄게 부상하는 동아시아의 중요성에 눈을 돌리고, 그중에서도 한국과 중국에 많은 관심을 보이고 있다.

앞에서도 얘기했듯이, 아랍에미리트는 2000년대 중반부터 우리나라와 긴밀한 관계로 급발전해, 2009년 말 원전 수주를 계기로 '전략적 동반자 관계'로 격상되면서, 특히 우리나라와의 산업협력에 많은 기대를 갖고 있다. 아랍에미리트의 지도자들은 국가 주요 정책 방향인 산업화를 성공적으로 이루어내기 위해서는 부존자원이 거의 없으면서도 반세기 만에 산업화에 성공한 한국의 경험과 지식을 공유하고 협력할 필요가 있다는 생각을 갖고 있으며, 한국기업의 적극적인 투자를 간절히 바라고 있다.

인구의 약 90% 가까이가 외국인인 아랍에미리트는 공공 섹터나 전문기술 분야에서 외국인의 국가별 배분 비율도 중시하는데, 한국인의 진출이 그 능력이나 필요성에 비해 턱없이 부족하다는 인식을 가지고 있다. 이러한 인식하에 실제 양국 정부의 협조로 아랍에미리트 주요 국영기업에 취업할 한국 기술자 채용 행사가 두 차례 개최되었다. 그러나 기술수준은 높지만 외국어 구사 능력이 기대에 못 미쳐 많은 인원이 채용되지 못해 양측 모두 안타까워했다. 앞으로 좀 더 준비가 필요한 부분이라고 본다.

결론적으로, 아랍에미리트의 국가개발 전략에 우리가 어떻게 기여하고 어떤 역할을 하느냐에 따라 양국이 상호 성장할 수 있는 여지가 대단히 많다. 지난 3년간 정부 차원에서 산업 협력을 위한 정책 대화를 많이 진행했는데, 이것을 어떻게 기업 차원의 실질적인 비즈니스 간 제휴로 구체화하고 발전시켜 나가느냐가 앞으로의 과제이다.

아부다비 정부의 투자 중점

'아랍의 봄'과 2009년에서 2010년에 걸친 글로벌 경제위기는 아랍에미리트에도 많은 영향을 주어, 성장률이 2009년에 -4.8%, 2010년에 1.7%를 기록하는 데 그쳤다. 아부다비 정부는 기존의 재정 지출 계획과 대형 정부 사업을 전면 재검토하게 되었다. 약 2년에 걸친 내부 검토를 거쳐 아부다비 정부가 향후 재정을 중점적으로 투입해 적극 추진하기로 확정 발표한 주요 분야와 사업 내용은 다음과 같다.

1) 제조업 중심의 산업단지 개발
- 싱가포르 면적의 3분의 2에 해당하는 규모의 대형 칼리파 산업단지 (KIZAD) 조성
- 루와이스 석유화학단지, 마디낫 자이드 산업단지 개발, 컨테이너 전용항인 칼리파 신항만 건설 등

2) 낙후된 서부 지역 개발
- 아부다비의 서부 지역인 알가르비아 발전 계획 수립(Al Gharbia 2030)
- 서부 지역 주요 도시(7개)의 도시별 특화 발전 추진 등

3) 교통 인프라 확충
- 신규 고속도로 추가, 아부다비 메트로 및 트램 건설
- GCC 연결 철도 UAE 구간(1,200킬로미터) 건설 착수 등

4) 사회적 인프라 확충
- 병원 및 학교 신설, 재활센터 신설
- 국민주택 확대 공급, 상하수도 정비 등

5) 관광/문화 허브 조성
- 사디야트 섬에 루브르, 구겐하임, 자이드 국립박물관 등 3개 박물관을 신설, 문화단지 개발 조성 등

3
아랍에미리트 진출 시 유의사항

　기업에 대한 정보가 풍부하고 경험 있는 사람을 쉽게 구할 수 있는 미국이나 유럽 지역보다 중동 지역에 처음 진출하려면 어려움이 많은 것이 사실이다. 중동시장에 전략적으로 진출하기 위해서는 약간의 위험을 감수해야 하지만, 몇 가지 주의를 기울이면 아랍에미리트에서 기업활동을 하는 데 도움이 될 수 있다.

종교와 문화적 차이에 대한 이해와 존중
생소한 이슬람 지역에 진출하기 위해서는 이것이 무엇보다 중요하다. 아랍에미리트에서 정부 고위관료나 성공한 기업인들은 대부분 영어에 능통하고 미국이나 유럽 등에서 유학을 해 문화적 차이가 크지 않다. 그러나 전통을 중시하고 전통적인 가치를 유지하려는 상대방의 입장을 최대한 존중하는 것이 비즈니스의 출발점이 되어야 한다. 알고 있으면 도움이 되는 몇 가지를 소개하겠다.

먼저 가족의 중요성이다. 에미라티들은 외견상 생김새는 서양 사람에 가깝지만 사고방식은 완전히 아시아인이라고 생각하면 된다. 가족을 대단히 중시하고 웃어른에 대한 존경심이 크다. 우리가 명절 때 가족과 함께 지내는 것처럼, 에미라티들은 라마단 기간이나 주요 이슬람 명절 이후의 이드 휴일 동안 주로 가족이 모여서 함께 지낸다. 특히 라마단을 가족과 지내기 위해 휴가를 일찍 끝내고 대부분의 사람들이 국내에 들어와 머문다.

이처럼 가족을 중시하기 때문에 만났을 때 첫인사를 가족에 대한 안부로 시작하는 것은 대단히 좋은 방법이다. 아이들 안부를 먼저 물어보면 누구나 반갑게 받아주고, 상대방도 가족에 대해 물어보며 깊은 관심을 보여준다. 첫 만남을 이렇게 시작하면 다음에 만났을 때도 자연스럽게 가족 이야기를 나누게 되고, 서로 간에 친밀감이 생겨 비즈니스도 잘 풀릴 가능성이 높다.

비즈니스의 수단으로 알아두면 유용한 것이 마즐리스(majlis)이다. 이것은 원래 응접실이라는 뜻으로, 아랍 지역의 전통적인 만남 문화이다. 직접민주주의의 한 수단으로, 주로 왕족(셰이크)들이 자기 부족 사람들과 소통하기 위해 정기적으로 개최하는 모임인데, 서양의 타운홀 미팅이나 우리나라의 사랑방 모임과 유사한 성격이다. 참석하는 사람들은 주로 에미라티들이지만 외부인들도 왕족을 만날 수 있는 좋은 장소이다. 보통 집사를 통해 참석 의사를 알리면 허락 여부가 결정되고, 참석하면 현지인들과 사귈 수 있는 기회도 되고, 자신의 관심사를 사회 지도급 왕족에게 직접 전달할 수도 있다. 마즐리스를 잘 활용하면 비즈니스에도 많은 도움을 얻을 수 있다.

문화적 차이 중 중요한 것이 여성에 대한 배려다. 이슬람 국가에서는 공통적으로 여성과의 직접적인 접촉이 금기시된다. 상대방이 원하면 상관없지만 상대 여성의 의사표시가 없는데 먼저 악수를 청하는 것은 때로 결례가 된다. 애매할 때 가장 안전한 방법은 오른손을 왼쪽 가슴 위에 올리고 고개를 가볍게 숙여 경의를 표하는 것이다. 남자를 만났을 때 부인의 안부를 묻거나 선물하는 것도 좋지 않다. 궁금하더라도 상대가 이야기할 때까지 참는 것이 좋고, 선물도 가급적 남자나 아들에게 하는 것이 안전하다. 아랍에미리트는 GCC 국가 중에서도 가장 개방적이고 사람들이 많아 이런 부분에서 조금 실수해도 큰 문제가 되지 않지만, 이런 문화적 특성을 이해하고 비즈니스에 임하면 훨씬 도움이 될 것이다.

중동 전체를 바라보는 전략적인 접근

우리나라 기업들로부터 가장 많이 듣는 질문 중 하나는 아랍에미리트가 개방적이어서 좋기는 한데, 시장이 너무 작지 않느냐는 것이다. 우리나라에 진출하기 위해 서울을 찾는 외국인들로부터도 이와 유사한 질문을 많이 받았는데, "한국의 시장 규모만 보지 말고, 교육이나 의료 환경, 비즈니스 여건이 좋은 한국에 주재하면서 1시간 거리에 있는 세계 최대 시장인 중국시장을 함께 보라"고 설명해주었던 기억이 난다.

아랍에미리트의 인구 규모나 산업 발전 정도만 보면 시장 규모가 작은 것이 사실이다. 그러나 주위의 다른 나라와 비교해보면 아랍에미리트가 가지고 있는 교통 인프라와 학교, 병원 등 삶의 여건, 조세 혜택과 외국인에 대한 개방성 등이 엄청나게 차이 난다는 것을 쉽게 알 수 있다. 아랍에미리트에서는 심지어 종교의 자유도 보장된다. 비자 신청 시 종교란을 빈칸으로 내면 오히려 채워서 다시 제출하라고 서류가 반려된다. 사람이라면 당연히 종교를 가지고 영혼에 관한 문제를 고민해야 마땅하다는 것이다.

시장을 넓게 생각해야 한다. GCC 국가를 포함한 MENA 지역 전체를 포괄하고, 급속히 성장하는 동부 아프리카, 파키스탄 등 서아시아까지를 하나의 경제권으로 생각하고 접근할 것을 권한다. GCC 6개국 간에는 관세동맹에 의해 상호 관세가 면제되고, 아랍 22개국은 모두 형제국으로서 비즈니스가 밀접하게 연결되어 있다. 사하라이남, 특히 동부 아프리카는 아랍에미리트를 동경의 눈으로 쳐다보며 중요한 경제 거점으로 생각한다. 또한 파키스탄과 이란, 이라크, 아프가니스탄 등은 사실상 하나의 거대한 경제권이라고 볼 수 있다. 이 나라들의 공통점은 완급의 차이는 있으나 모두 경제발전이 국가정책의 최우선순위이고, 실제로 각국이 약진하는 모습을 보이고 있다는 것이다. 경제가 발전하면 당연히 전력 등 각종 인프라 개발이 뒤따르고, 일정 기간이 지나면 소비재 시장이 커진다.

오랜 기간 잠자고 있던 아프리카까지 최근 성장 대열에 올라선 만큼, 이 지역 최고의 허브인 아랍에미리트에 진출해 나날이 성장해가는 이 넓은 시장을 개척해보라고 권하고 싶다. 우리에게는 이제 막 열리는 시장으로 생각되지만 사실 영국, 프랑스, 이탈리아, 미국, 독일 등 선진국 기업들은 오래전부터 이 시장의 중요성을 인식하고 일찌감치 진출했으며, 최근 중국도 중점적으로 공략해 들어온다는 점을 감안해, 좀 더 긴 안목을 가지고 전략적으로 접근할 필요가 있다.

또 한 가지 유념할 것은 기술력을 가지고 접근해야 한다는 것이다. 이미 글로벌 기업들이 많이 진출해 있기 때문에 보통 기술력으로는 승산이 크지 않다. 우리의 장점은 선진 기술에 버금가지만 가격에서 경쟁력이 있고 기술 이전에 대해 선진국 기업만큼 까다롭지 않다는 점이다. 아랍에미리트에서 최근 우리나라에 대한 관심이 갑자기 상승한 것도 사실은 "소니를 이긴 삼성, 도요타를 따라잡은 현대자동차"라는 현지인의 표현에 담겨 있는 것처럼, 일본을 딛고 일어선 우리의 높은 기술력에 대한 평가에 바탕을 두고 있다. 대기업은 그렇다고 하더라도 우리나라에는 기술력이 좋은 중소 중견기업들이 많다. 이런 기술 기업들이 용기를 가지고 시장을 크고 길게 보면서 아랍에미리트를 중심으로 중동에 진출한다면 충분히 승산이 있다고 믿는다.

아랍에미리트는 우리나라와의 무역보다 우리나라의 투자를 더 선호한다. 우리나라의 기술로부터 자신들의 비즈니스 기반을 만들어내는 것에 더 관심이 많다. 그렇다면 우리나라의 진출 방향도 이러한 현지의 수요에 맞추되 우리가 이들로부터 얻을 수 있는 시장 접근성이나 자금 조달 측면 등 서로 도움이 되는 방향으로 나아가야 할 것이다.

신중한 비즈니스 파트너 선정

어디서 사업을 하든지 적합한 파트너 선정만큼 중요한 것은 없지만, 중동에서 사업 파트너를 찾을 때 특히 힘든 점이 이 부분인지도 모른다. 왜냐하면 기업과 인물에 대한 정보가 제한되어 있기 때문에 아주 큰 기업을 제외하고는 상대방에 대한 상세한 기록을 찾아보기 힘들다. 증권거래소에 상장된 기업 수가 적고, 현지 상공회의소에 있는 기업 정보만으로는 충분치 않은 경우가 대부분이어서 별도로 현지 기업인을 통해 필요한 정보를 얻기도 한다. 현지에서 외국 기업이 비즈니스를 할 때는 반드시 현지인 스폰서를 쓰도록 되어 있는 스폰서 제도 때문에 파트너 문제는 더욱 중요하다. 한때 모든 GCC 국가에서 운영했으나 쿠웨이트와 바레인은 이미 폐지했고, 아랍에미리트에서도 논의되고 있다. 그러나 아직까지는 공식적으로 운영되고 있어 현지 비즈니스를 원하는 기업은 반드시 스폰서를 지정해야 한다. 좋은 스폰서를 만나면 서로 좋은 관계를 유지하면서 비즈니스에서 많은 도움을 얻을 수 있지만, 그렇지 않을 경우에는 스폰서 비용만 낭비하게 된다. 서두르지 말고 시간을 두고 지켜보면서 믿을 만한 스폰서와 계약하는 것이 중요하다.

스폰서와 조금 다른 개념으로 에이전트를 해주겠다고 나서는 사람을 만나기도 한다. 이들은 힘 있는 사람과의 연결을 과시하면서 특정 프로젝트를 따주겠다고 나선다. 수주를 위해 이들을 믿고 싶은 충동이 일어날 수도 있지만 가급적이면 이런 사람들은 멀리하는 것이 좋다. 수주 과정이 비교적 투명하고, 국영기업의 부패에 대해 지도층의 감시감독이 엄격한 아랍에미리트에서는 이런 에이전트의 역할이 극히 제한될 수밖에 없기 때문이다.

아랍에미리트에서 합작투자를 하기 위해서는, 100% 단독 투자가 허용되는 경제자유구역을 제외하고는 현지인의 투자 비율이 최소한 51%가 되어야 한다. 그러다 보니 투자 파트너의 역할이 대단히 크고 중요하며, 초기의 적절한 파트너 선택이 사업의 성패를 좌우하기도 한다. 다만, 이면계약이나 주주 간 합의서 등을 통해 공식적으로 이익 배당 비율을 투자 비율과 다르게 정할 수 있도록 허용되어 있으니 잘 알아두고, 명목상 대주주라도 실제 경영에 간섭하거나 경영자 교체를 요구하는 등 분쟁이 발생할 소지도 있으니, 변호사의 도움을 받아 계약 당시부터 명확하게 해둘 필요가 있다.

파트너 문제와 관련해 또 한 가지 알아두어야 할 것은 현지에서 자주 쓰이는 기업집단(Group of Companies)의 회장이라는 표현이다. 우리는 기업집단(재벌)이라는 명칭에 익숙해 재벌 회장이라고 쉽게 번역하고 우리나라 재벌의 이미지를 부여하는데, 제조업이나 금융기업 중심으로 수십 개의 기업과 수만 명의 직원을 거느리는 우리나라의 대기업 그룹 회장과는 차이 나는 경우가 많다. 자세히 보면 기업이라기보다는 레미콘이나 주유소, 부동산 등을 모두 합해놓은 경우가 많아 문자 그대로 '사업체 여러 개를 가진 사람' 정도로 해석하는 것이 정확할 것이다. 물론 세계적인 부호로서 우리나라처럼 여러 기업을 가진 어마어마한 자산가도 있으므로 일률적으로 해석해서는 안 되며, 항상 어떤 유형의 사업체를 가지고 있는지, 규모가 어느 정도인지, 직원이 몇 명이나 되는지 등을 잘 따져서 판단해야 한다.

초기 2~3년간 적응기간에 투자

중동은 머리로만 이해하고 접근하기에는 쉽지 않은 지역이고, '백문이 불여일견'이라는 말이 가장 잘 적용되는 곳이다. 생각보다 복잡하고 불확실한 부분이 있는가 하면, 생각보다 단순하고 우리와 별반 다르지 않은 부분이 공존한다.

따라서 직접 경험해보고 사귀어보고 약간의 시행착오도 거치면서 진출하는 것이 한 번에 성큼 들어가는 것보다 훨씬 위험도 줄이고 성공 가능성도 높여줄 것이라고 생각한다. 금융기관들이 진출할 때 처음부터 지점을 여는 경우도 있지만 대부분 현지 사무소 형식으로 진출해 소수 인원으로 시장조사와 현지 네트워크를 구축한 뒤 정식 지점으로 발전시켜 나가는 것처럼, 기업의 경우에도 1~2명의 소수 인원을 파견하여 정지(整地) 작업을 하게 한 뒤 보다 확실한 준비와 신념을 가지고 본격적으로 진출하는 것이 더 안전하다.

실제로 아랍에미리트에서 단독으로 부임하여 짧은 시간에 많은 성과를 거둔 우리 기업을 적지 않게 목격하였다. 최근 우리나라 국토교통부 주관으로 토지주택공사, 도로공사 등 국토부 산하 공기업들이 연합하여 아부다비에 공동으로 사무소를 개설하고 중동과 아프리카까지 포괄하는 적극적인 중동 수주 활동을 전개하고 있다. 각 기관별로 유능한 직원을 한 명씩 선발하여 배치함으로써 경비도 절감하고 성과도 내는 좋은 사례이다. 우리는 이러한 사전 정지 작업을 비용으로 생각하고 절약하려는 경향이 있지만, 미지의 신시장을 개척하려면 이러한 초기 정지 작업에 들어가는 비용을 투자비용으로 인식하는 사고의 전환이 필요하다.

진정한 글로벌 기업으로의 변신

우리나라가 지난 60년간 산업화에 성공하고 세계 13위 경제대국으로 성장했지만, 아직도 글로벌 수준에 미치지 못하는 분야가 있다. 짧은 시간에 세계적인 기업으로 성장한 기업도 있지만, 짧은 시간에 압축 성장하면서 늘어난 경쟁력과 수익에 비해 생각이나 행태는 아직 국내 수준에 머무는 경우가 간혹 있다. 국내에서 하던 방식으로 세계에서도 똑같이 해낼 수 있다는 생각보다는 생각과 방식을 좀 더 세계화해야 성공 가능성이 높다.

우리나라 건설 기업의 예를 하나 들어보겠다. 우리나라 건설회사들이 중동에 진출한 지는 아주 오래되었지만, 주로 토목과 건축 분야가 많았고, 몇십억 달러에 이르는 대형 플랜트를 집중 수주한 것은 최근의 일이다. 이로 인해 우리 건설사들끼리 과당경쟁을 하기도 했지만, 대형 프로젝트 수주에 많이 성공했고, 해외 건설 수주액이 2010년에 역대 최대인 700억 달러를 달성하는 데 크게 일조했다. 그러나 그 후 시공 과정에서 많은 건설사들이 공사비용 초과와 발주사들과의 비용 분담 문제로 어려움을 겪는 것을 보았다. 국내에서는 일단 수주하면 하청 과정에서 어떻게든 비용을 맞췄지만, 비용 통제가 엄격하고 하청 기업이 제한되어 있는 해외공사에서는 일이 예상대로 이루어지지 않을 때가 많다.

비슷한 경우, 외국 기업들은 비용 초과나 디자인 변경 문제를 하청 기업이 아닌 발주사와 협상을 통해 그때그때 분명하게 정리하고 넘어가지, 우리나라처럼 일단 공사부터 끝내놓으면 잘 처리해주겠지 하는 방식으로 일하지 않는다. 이런 부분은 경험을 통해 앞으로 스스로 변하고 잘 적응해 나가겠지만, 수십 년간 중동 공사를 해왔다는 대기업마저 이런 어려움을 겪는 것을 보면서 우리나라 기업들이 진정한 글로벌 기업으로 자리매김하기 위해서는 일하는 방식이나 사고방식이 좀 더 글로벌화되어야겠다는 생각이 들었다.

비슷한 얘기지만 우리나라 기업들은 외국인을 중간 관리자로 고용하는 데 대단히 인색하다는 현지인의 지적을 들은 적이 있다. 다른 나라 기업은 필리핀이나 인도와 같이 개발도상국 중에서 영어 능력이 뛰어나고 해외 경험이 많은 나라의 사람들을 중간 관리층에 많이 기용하는데, 한국기업들은 유독 한국인들만 데려다 쓴다는 것이다. 현지에는 이미 오래전에 진출해서 잘 적응하고 언어수준도 높은 중간 관리자급이 많다. 해외사업을 제대로 하려면 우리나라 사람들보다 대하기가 다소 불편하더라도 그들이 가진 장점을 최대한 살려 우리가 부족한 점들을 보충하면서 활용하는 것이 바람직하다는 생각이 든다. 요즘 국내에서 젊은 사람들을 중동에 데려오려면 보통 국내 봉급의 2배는 줘야 하기 때문에 비용면에서도 제3국인을 고용하는 것이 더 유리한 것이 사실이다. 요즘 국내 고용사정이 좋지 않아 조심스럽기는 하지만, 우리 기업이 세계 시장에서 글로벌 기업으로 성장해 나가기 위해서는 이제 대화하기 편하다고 한국 직원만 고집하는 태도에서 벗어날 때가 되었다고 생각한다.

이와 유사한 것이 전문가를 활용하는 문제다. 2010년만 해도 아랍에미리트에는 한국인 변호사가 극히 드물었지만, 2013년에는 10명 이상으로 늘어났다. 그만큼 한국기업의 진출이 활발해졌고 전문가의 도움이 필요한 일이 늘어났다는 반증이다. 다툼이 벌어질 경우 상대방은 변호사, 회계사 등 관계 전문가로 팀을 꾸려서 나오는데 우리나라 기업은 현장소장과 지사 직원들로 대응한다면 승부는 자명하다. 이런 점을 인식해 최근 한국전력 등 대기업을 중심으로 사내 변호사를 늘리고 현장에 전진 배치하는 것을 보면서 우리나라도 이제 많이 변하고 있다는 생각이 들었다. 앞에서 이야기한 것처럼 현지에 진출한 건설업체들이 공사비 문제로 발주처와 다툼이 벌어져 애먹는 경우를 많이 목격했는데, 선진국 기업들은 이런 일을 전담하는 전문 컨설팅 회사를 쓴다는 얘기를 들었다. 필요할 때는 비용을 들여서라도 전문가를 고용하거나 외부에 위탁해서 잘 활용할 수 있어야 외국에서 글로벌 기업으로 성공할 수 있을 것이다.

현지 제도와 사정에 대한 정보 획득

아랍에미리트의 연방정부나 각 에미리트 정부, 국영기업들이 각종 공사나 프로젝트에 대한 발주를 통해 많은 입찰 기회를 제공하고 있으며, 아랍에미리트 시장이 화장품이나 의료기기·의료제품에서 조명등·전자제품에 이르기까지 많은 기회 요인을 제공하고 있다. 그러나 현지 비즈니스 경험이 전혀 없는 중소기업이나 소규모 업체들이 이러한 기회 요인만 보고 진출하면 현지에서 부딪치는 각종 제도나 관습의 차이로 인해 어려움을 겪을 수 있다.

예컨대, 각종 입찰에 참여하거나 계약 체결 등의 비즈니스 활동을 수행하려면 사업자 등록증(license)이 필요한데, 경우에 따라서는 에미리트별로 사업자 등록증을 따로 얻어야 하고, 때로는 사업자 등록 과정에서 많은 시간과 노력이 소요되기도 한다. 아랍에미리트에서 발주되는 프로젝트의 입찰에 참가하기 위해서는 에미리트별로 현지 법인이나 지사를 설립한 뒤 각 발주처에 등록해야 하는데, 아부다비의 경우에는 아부다비 경제개발부(DED: Department of Economic

Development)나 아부다비 상공회의소(ADCCI: Abu Dhabi Chamber of Commerce & Industry) 등을 거쳐야 하며, 사업 내용에 따라 연방 경제부(MOE: Ministry of Economy)나 노동부(MOL: Ministry of Labour) 등 연방정부와 직접 접촉해야 하는 경우도 있다.

또한 아랍에미리트에서 건설업종이나 엔지니어링 분야에 사업자 등록을 한 경우에는 추가로 경제개발부에 사업자 등급(classification)에 대한 신청 및 등록을 해야 하며, 이 과정에서 신청 등급에 따라 추가로 최소 자본금이나 고용 직원의 수 등에 대한 요구 조건이 따를 수도 있다. 반면, 아랍에미리트에서 발주되는 프로젝트를 수주하려는 목적이 아니라, 상품이나 특정 서비스만 수출하거나 공급할 경우에는 별도의 법인 설립이나 등록 없이도 현지 대행업체를 통해 현지 시장에 진출 또는 판매할 수 있다. 그러나 이 경우에는 현지 대행업체 보호 관련 규정(Agencies Law) 등에 따라 개인 간의 계약서 내용과 무관하게 현지 대행업체를 우선 보호할 수도 있으므로, 현지 대행업체와 계약서에 서명하기 전에 관련 법규 등에 대해 충분히 조사할 필요가 있다.

아랍에미리트에 처음 진출하려는 중소기업이나 벤처 기업은 이미 진출해서 많은 경험을 가지고 있는 현지 관계자들을 만나 초기 비즈니스 활동에 대한 도움을 받는 것도 좋은 방법이다. 아랍에미리트에는 프로젝트 수주를 위해 대형 건설·플랜트업체들을 중심으로 하청업체들도 함께 진출해 있다. 또한 자동차와 전자, 물류, 무역업체들과 수출입은행이나 우리은행 등의 사무소와 외환은행 지점이 진출해 있다. KOTRA도 중동 지역본부로서, 현지 비즈니스 활동에 필요한 정보 제공을 주요 임무 중 하나로 삼고 있으므로 많은 도움을 얻을 수 있으며,

아부다비에 있는 해외건설협회 중동 지역 수주지원센터도 많은 경험과 노하우를 가지고 있다. 아랍에미리트 정부의 유관기관으로는 아부다비 경제개발부와 아부다비 상공회의소, 두바이 경제개발부와 두바이 상공회의소 등이 있는데, 이들 기관은 비즈니스 활동에 필요한 정보와 도움을 제공하는 별도의 서비스팀을 운용하고 있으므로, 이들 기관을 통해 비즈니스 정보를 얻는 것도 좋은 방법이다.

4 / 중동 자본의 유치

중동 산유국들은 석유가스로부터 창출된 오일머니를 아시아를 포함한 전 세계를 대상으로 투자하고 있다. 그러나 중동 자본*을 유치하는 것은 쉬운 일이 아니다. 그동안 중동 자본을 유치하자는 이야기가 많았지만 실제로 유치된 사례는 드물다. 아랍에미리트는 우리나라에 80억 달러 정도의 주식투자를 하는 것으로 알려져 있지만, 채권 투자는 미미하고 직접 투자는 외환위기 때 현대오일뱅크에 투자한** 것과 현재 부산 신항만 투자(지분율 29.6%)를 제외하면 의미 있는 투자 사례를 찾아볼 수 없다. 중동 자본의 유치가 힘든 이유는 뭘까? 중동 자본을 유치하기 위해서는 두 가지가 필요하다. 첫째는 우리를 알려야 하고,

---

* 중동 자본은 여러 가지로 정의할 수 있으나 대체로 국부 펀드, 개인 자산가의 자금, 외환 보유액, 연기금과 보험, 각종 펀드 등으로 구성되어 있다고 볼 수 있다. 이 중 국부 펀드가 가장 큰 규모로, 절반 가까이를 차지하는 것으로 추정된다.

** 외환위기 이후 아부다비의 석유가스 부문 국부 펀드인 IPIC가 지분을 70%까지 보유했다가 2010년 현대중공업에 양도했다.

둘째는 우리가 중동 자본의 성격을 좀 더 정확히 알고 접근해야 한다.

기관이든, 개인이든, 국부 펀드든, 일반 상업은행이든 중동의 투자자들에게 우리나라는 아직도 낯설다. 여행하는 것도 망설여지는데 하물며 시장과 제도, 관행 등에 익숙하지 않은 곳에 선뜻 투자하지 못하는 것은 당연하다. 중동 사람들은 역사적으로 오랜 기간 서구인들과 교류해왔고, 유럽이나 미국에서 유학한 경우가 많으며, 서구인들도 현지에 진출해 금융기관이나 기업을 통해 적극적으로 비즈니스 활동을 해오고 있다. 중동 사람들로서는 서구에서 투자대상을 찾거나 거래하기가 쉽고, 무엇보다 심리적으로 익숙하다는 점이 장점으로 작용한다. 이에 반해 우리나라는 홍콩이나 싱가포르, 뉴욕 등의 금융시장에 더 익숙해 그동안 중동시장을 등한시한 것이 사실이다. 따라서 중동의 자본을 유치하기 위해 가장 필요한 것은 이들과 꾸준히 관계를 강화하면서 우리를 알리려는 노력이다. 우리나라 유수한 금융기관의 국제금융담당 임원이 3년 만에 처음으로 중동 지역에 나와봤다는 이야기를 듣고 놀란 적이 있다. 필요할 때 활용하기 위해서라도 중동처럼 자금이 풍부한 나라들과 지속적으로 관계를 구축해야 한다. 정부가 외평채 발행을 위한 준비 작업으로 실시하는 사전(non-deal) 로드쇼 대상지에 GCC 국가의 주요 국부 펀드들을 추가하는 방안도 검토해볼 필요가 있다.

다음으로는 중동 자본의 공급자가 어떻게 구성되어 있고, 공급기관별로 어떻게 성격이 다른지, 또 실제 투자를 결정하는 과정이 어떻게 되어 있는지, 투자 결정에서 무엇을 어느 정도로 기대하고 보는지 등 중동 자본의 성격에 대해 좀 더 정확히 연구하고 접근할 필요가 있다. 우선 착각하기 쉬운 것이 중동 자본이 서구 자본에 비해 분석 능력이 떨어지고 의사결정이 좀 더 쉬울 것이라는 생각이다. 아부다비 투자청 같은 국부 펀드에는 전 세계에서 채용한 투자전문가들로 가득하다. 대부분 미국이나 런던의 투자은행 출신들이므로, 의사결정 과정이 월스트리트 수준이라고 보는 것이 정확하다. 이런 분석가들을 대상으로 투자 유치에 성공하려면 컴퓨터그래픽으로 적당히 만든 장밋빛 청사진만으로는 불가능하며, 사전에 철저한 타당성 검토(F/S)를 해서 투자 협상장에 수익률 분석 자료를 준비해 가져가지 않으면 투자 유치에 성공하기 어렵다. 실제로 한국투자유치단에 그런 조언을 한 덕분에 질의응답 과정에서 잘 대응했던 경험이 있다.

또 한 가지, 중동 자본은 미래를 위해 대비하는 성격이므로, 대부분 수익성을 중시한다. 산업화 전략의 일환으로 전략적 투자를 하는 경우도 있지만, 재무적 투자인 경우가 더 많다. 이런 점은 사업에 따라 안보적 고려를 하거나 기술 유출을 걱정해야 하는 우리에게는 좋은 조건이라고 평가할 수 있다. 그러나 한편으로는 상대방이 높은 수익성을 원하는 만큼 그에 상응하는 좋은 투자 요건을 갖추지 않으면 자본 유치가 힘들다는 의미이기도 하다. 투자 유치에 나서기 전에 상대방이 충분히 관심을 가질 만한 투자 상품을 준비하는 데 만전을 기하는 것이 선결요건이다. 예컨대, 아부다비 투자위원회는 최소 12~13%의 수익성을 기대하고 있는데 이것을 모른 채 접근하면 상대의 관심도 끌지 못하고, 협의 시 크게 당황할 수 있다. 국내에서는 대부분 수익률이 그렇게 높지 않기 때문에, 그런 경우에는 투자자의 성격에 맞춰 수익률을 상쇄할 수 있는 다른 부가적인 포인트가 반드시 추가되어야 할 것이다. 예를 들어, 무바달라와 같은 국부 펀드는 수익성이 다소 낮지만 자국 산업 육성에 큰 도움이 된다는 점이 포인트가 될 수 있다. 만약 높은 수익을 낼 수 있는 사업을 우리나라에서 찾기 힘들다면, 여타 아랍 지역이나 아프리카 등 신흥시장에서 진행되는 발전소 건설 같은 대형 투자 프로젝트에 중동 자본과 공동으로 참여하는 것도 생각해 볼 수 있다. 우리는 부족한 자본을 충당할 수 있고, 상대방은 수익률이 높으면서도 우리나라 기업들이 가지고 있는 프로젝트의 발굴과 개발, 시행 능력을 공유할 수 있어 관심이 높기 때문이다. 실제로 우리나라 국토교통부와 카타르 투자청 간에, 우리 기업이 제3국 투자 사업에 진출할 경우 자본 협력을 하기로 양해각서를 체결한 바 있다.

당장 수익률이 높지 않아도 중동 자본이 관심을 가질 만한 한 가지 영역은 우리나라의 기술 기업에 대한 투자이다. 앞에서도 설명한 바와 같이 GCC 국가들은 대부분 포스트 오일 시대에 대비해 산업화에 관심이 많고, 이를 위해 산업화에 성공한 우리나라와 우리나라 기술 기업들의 투자를 간절히 바란다. 반면, 우리나라는 높은 기술력을 보유하고 있으나 글로벌 기업으로 발전하는 데 필요한 자본이나 경험이 부족해 망설이는 중소기업이 많은데, 이들이 수출 기업으로 발전할 수 있도록 지원하는 것이 중요한 무역정책적 과제이기 때문이다. 이런 기업들을 골라 집중적으로 투자하는 기술 기업 펀드 같은 것을 만들어 중동 자본을 유치하고, 나아가 이들 자본의 도움을 받아 중동시장에 진출하는 방향으로 발전시켜 나가는 비전을 제시한다면 양측이 모두 만족할 수 있는 좋은 해법이 될 것이다.

간접투자의 경우에도 개선의 여지는 있다. GCC 지역의 국부 펀드들이 삼성전자나 현대자동차, 금융지주사 등 우리나라 대표 기업에 상당한 규모의 지분 투자를 하고 있는 데 비해 채권 투자 금액이 너무 미미하기 때문이다. 아부다비의 한 국부 펀드에 근무하는 사람에게 왜 우리나라 채권에는 주식 비중만큼 투자하지 않느냐고 물었더니 자신도 몰랐다며 아마 채권시장에 대해 잘 모르고, 상대적으로 관심이 크지 않기 때문인 것 같다는 대답을 들은 적이 있다. 이 부분에 대한 우리의 노력이 좀 부족한 것 아닌가 싶고, 한번 투자하면 장기적으로 투자하는 성향이 강한 중동 자본을 보다 적극적으로 유치한다면 국내 채권시장의 깊이를 더하고 안정성을 높이는 데도 도움이 될 것이다.

최근 중국이 다변화 측면에서 우리나라 국채에 대한 투자를 늘리고 있다는 점도 홍보 포인트가 될 수 있을 것이다. 또 한 가지 중동 지역 국부 펀드 대부분이 간접투자 방식으로 운용하고 있다는 점도 고려해 볼 필요가 있다. 아부다비 투자청의 경우에도 공식적으로 75% 이상을 위탁 방식으로 운용한다고 밝히고 있다. 따라서 글로벌 펀드 운용사들을 대상으로 투자 마케팅을 벌이는 방법도 생각해볼 수 있다.

장기적으로는, 한때 거론되다 중단된 이슬람 채권 수쿠크의 발행이 가능하도록 법적 장치를 마련하는 것도 필요하다고 본다. 수쿠크 시장이 날로 성장하면서 자본시장의 중요한 수단으로 부상하고 있으며, 금융위기 등 유사시에 유용한 자본 도입 장치로 활용하기 위해서도 미리 제도로서 구축해놓을 필요가 있기 때문이다.

경제 외교의 중심지에서
- 전 아랍에미리트 대사의 회고담 -

이임을 이틀 앞둔 2013년 6월 10일, 아랍에미리트연합 외교부청사의 마즐리스(응접실)는 유난히 조용했다. 압둘라 외교부 장관에게 이임 인사차 마지막 예방을 한 자리였다. 압둘라 장관은 아부다비 왕가의 직계 왕자 19명 중 17번째로, 약관 41세의 젊은 나이였지만 벌써 7년째 외교부 장관직을 맡고 있는 국제외교계의 유명인사다. 안내인의 안내를 받아 장관실로 향하는 복도를 걸어가자 복도 맞은편 끝에서 압둘라 장관이 하얀 칸두라(아랍의 남성 복장)를 입고 뒷짐을 진 채 엷은 미소를 지으며 기다리고 있었다.

악수를 나눈 뒤 지난 3년간의 일들을 회고했다. 그런데 압둘라 장관이 보좌관에게 손짓을 하자, 그가 상자 하나를 가지고 왔다. 아랍에미리트의 칼리파 대통령이 수여하는 독립훈장 1등장(Medal of Independence, 1st Class)을 필자에게 수여하는 깜짝 행사가 준비되어 있었던 것이다. 아랍에미리트는 우리나라처럼 훈장 종류가 많거나 수여 기회가 많지 않다. 특히 외국인에게 주는 훈장은 국가원수급과 그

밖의 외국인으로 나뉘는데, 필자에게는 그 두 번째 훈장, 즉 독립훈장 중에서 최고 등급인 1등을 수여한 것이다. 함께 전달된 훈장증서에는 파란 잉크로 직접 서명한 대통령의 친필이 선명하게 들어 있었는데, 아부다비 에미리트의 통치자이기도 한 셰이크 칼리파 알 나흐얀 대통령의 친필을 본다는 것 자체가 영광스러운 일이었다. 함께 기념사진도 찍었다. 특이한 아랍식 복장 때문인지 훈장을 걸어주는 관행이 있지 않아 훈장을 찬 모습이 기록에 남아 있지 않은 것이 다소 아쉬웠지만, 필자에게는 충분히 감사하고 감동적인 이임 선물이었다.

외교부 장관실에서 나와 엘리베이터까지 함께 걸으며 압둘라 장관은 "귀국해서 앞으로 뭘 하더라도 당신은 우리의 영원한 친구다."라고 말했고, 필자도 "여태까지는 대한민국의 대사였지만 앞으로는 아랍에미리트의 대사로 아랍에미리트를 한국에 적극 알리도록 하겠다."라고 화답했다. 나중에 대통령 비서실 쪽으로 알아보니 훈장 수여는 모하메드 아부다비 왕세자의 추천으로 칼리파 대통령이 수여를 결정했고, 1년에 1~2명에게만 수여되는 매우 귀한 훈장이라고 했다.

어찌 보면 상대 국가의 대표이기도 한 대사에게, 그것도 아랍 지역의 전통적 강대국인 영국이나 프랑스 대사도 아니고 한국 대사에게 깜짝 행사로 주어진 이 훈장의 의미는 무엇일까? 필자에게 연상되는 유사한 사례가 있었다. 그것은 1990년대 말 외환위기를 극복한 후 외환위기 극복에 기여한 외국인에게 수여한 훈장 중 당시 언론에 잠시 논란이 되었던 윌리엄 로즈(William Rose) 시티은행 수석부행장에 대한 훈장 수여. 로즈 부행장은 뉴욕 외채만기협상의 채권은행 측 협상대표를 맡았던 인물이다. 당시 우리나라를 대변해서 크게 활약했던 마크 워커(Mark Walker) 변호사가 훈장을 받는 것은 너무나 당연한 일이었지만, 채권은행을 대표하여 채무자인 우리를 상대로 한 푼이라도 더 받아내려고 했던 상대 측 대표에게 훈장을 수여하자, 언론이 문제 제기를 했던 것이다. 그러나 당시 협상에 참여했던 사람들은 다 느꼈던 일이지만, 로즈 부행장은 사실상 협상 타결을 위해 헌신했다. 때로는 채권은행 쪽의 분위기를 우리 측에 귀띔해주기도 하면서 어떻게든 양측의 이익이 고루 반영된 협상 결과를 도출하기 위해 헌신했다. 우리 정부는 그 뜻을 고맙게 여겨, 비록 적장이었지만 우리를 많이 도와줬다는 생각으로 훈장 대상자 명단에 기꺼이 올렸던 것이다.

아랍에미리트 정부가 3년간 봉직하고 이임하는 필자에게 이런 큰 상을 수여한 것도 비슷한 이유가 아닐까 싶다. 지난 3년간 대한민국 대사로서 대한민국의 국익을 위해 뛰었지만, 아랍에미리트의 이익도 함께 생각하고 상호 도움이 될 수 있도록 노력해주어 고맙다는 뜻 아니었을까. 3년 전 처음 부임해서 모하메드 왕세자를 포함하여 장관 등 주요 인사들을 예방할 때 "저는 대한민국의 대사로 부임했지만 아랍에미리트의 대사라고도 생각하고 양국 간의 교량 역할을 충실히 하겠습니다."라고 했던 약속을 말 그대로 이행한 데 대한 보답이 아니었을까. 그렇다고 이 모든 것이 필자 개인의 공이라고는 생각하지 않는다. 양국 간의 돈독한 관계와 거기에서 파생되는 국가 간 신뢰가 밑바탕이 되었고, 나는 그 수혜자였을 뿐이라는 생각을 버린 적이 없다. '우리가 당신 나라 대사를 이렇게 높이 취급합니다. 그러니 앞으로도 친하게 잘 지냅시다.'라는 메시지를, 새롭게 출범한 우리 정부에 보낸 것인지도 모른다.

2012년 12월 대선 결과, 박근혜 후보가 새로운 대통령으로 당선되었다. 마침 그 몇 달 전 일본의 아베 총리가 재선된 것과 연관지어 현지 신문의 한 기고문*에 이런 내용이 실린 적이 있다. "일본 총리로서 중동 지역을 마지막으로 다녀간 것은 2007년 아베 총리였다. 지난 몇 년간 일본이 중동에 소홀한 사이 한국의 대통령이 중동에 여러 번 다녀가면서 한-아랍에미리트 간 관계가 돈독해졌다. 아베 총리가 일본의 총리로 재등장한 반면, 한국에 새로운 대통령이 등장한 것이 앞으로 동아시아와 중동 지역에 어떤 영향을 줄지 주목된다."

한-아랍에미리트 관계는 기본적으로 양국의 국익이 서로 잘 맞았기 때문에 급속도로 발전한 것이다. 원유 수입과 원전 건설, 각종 플랜트 사업과 늘어나는 무역 관계, 산업 협력과 기업 협력의 보완성, 우리나라 기업들의 중동 진출과 아랍에미리트 기업들의 아시아 진출, 아프리카와 여타 아랍 등 제3국에서의 상호 협력 가능성 등 아시아의 강국 대한민국과 중동의 작지만 강한 나라 아랍에미리트 간에는 서로 협력해서 얻을 수 있는 잠재력이 엄청나다고 할 수 있다. 양국이 어렵게 구축한 전략적 동반자 관계가 앞으로도 지속적으로 발전해 나가기를 기대한다.

---

* Christopher Gunson (2012. 12. 24), Abe return could signal a shift for Japan in the region, *The National.*

부록

UAE 개관

국명 아랍에미리트연합국(United Arab Emirates)

- 연합국 창립일: 1971년 12월 2일
- 아부다비, 두바이, 샤르자, 아지만, 움알카이와인, 라스알카이마, 후자이라 등 7개의 에미리트로 구성

정부 형태 대통령 중심제

- 국가원수: 칼리파 빈 자이드 알 나흐얀 대통령(아부다비 통치자)
- 총리: 모하메드 빈 라시드 알 막툼(두바이 통치자)

면적 8만 3,000제곱킬로미터(우리나라 면적의 약 80%)

인구 826만 명(2010년, UAE 연방통계청)

- 자국인은 95만 명(전체 인구의 11.5%), 인구의 88% 이상이 외국인 유입 근로자 등으로 구성
- 인도인 200만 명, 파키스탄인 170만 명, 이란인 40만 명, 필리핀인 20만 명, 중국인 20만 명, 영국인 12만 명 등으로 추정(200여 개 국적 공존)
- 아부다비 에미리트 인구 233만 명(2012년 기준, 아부다비 통계연보), 두바이 에미리트 인구 200만 명(2011년 기준)

수도 아부다비(섬)

공용어 아랍어 · 영어, 힌디어 등 통용

종교 이슬람교(수니파) 다수

대의(代議) 기구 연방평의회(40명, 임기 4년)

- 내각에서 제출한 법안 등 검토, 헌법상 내각보다 낮은 지위

주요 경제지표*

- GDP : 3,870억 달러(2013년)

- 1인당 GDP : 4만 3,774달러(2012년)

- 경제성장률 : 4.0%(2013년)
  - 2006~2010년 : 2.6%, 2011년 : 3.9%, 2012년 : 4.4%, 2013년 : 4.0%,
    2014년 : 3.9%

- 원유 매장량 세계 7위(978억 배럴), 가스 매장량 세계 7위(6.1조 세제곱미터)

- 교역 : 수출 3,470억 달러, 수입 2,170억 달러(2012년, 상품)

아크(Akh) 부대

- 지난 2011년 1월 11일, 주로 우리나라 특전사 요원들로 구성된 '아크'(아랍어로 '형제') 부대가 처음으로 아랍에미리트에 파병
- 목적 : 양국 간 군사협력 차원의 아랍에미리트 특전부대 교육훈련 지원 및 연합 훈련 실시, 유사시 우리 교민 보호 등
- 주둔지 : 알아인 지역

---

* IMF (November 2013), Regional Economic Outlook: Middle East and Central Asia; IMF (2013. 7), UAE 2013 Article IV Consultation, IMF Country Report No. 13/239. 등을 참조하였으며, 2013년 이후의 통계수치는 전망치이다.

UAE 통치 구조

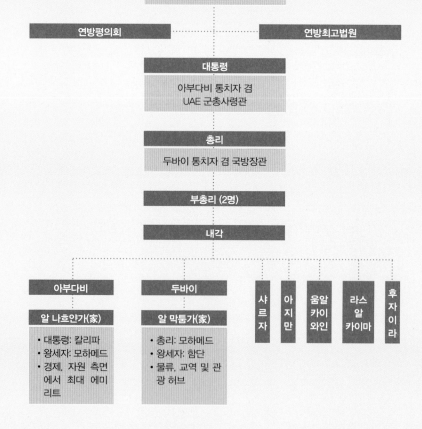

연방최고회의
- 7개 에미리트의 통치자로 구성
  - 의장: 대통령(아부다비 통치자)
- 연방 최고 의사결정기구
- 대통령 및 총리, 내각 선출
- 입법권, 국제협약 비준권 등 보유

연방평의회

연방최고법원

대통령
아부다비 통치자 겸
UAE 군총사령관

총리
두바이 통치자 겸 국방장관

부총리 (2명)

내각

아부다비
알 나흐얀가(家)
- 대통령: 칼리파
- 왕세자: 모하메드
- 경제, 자원 측면
  에서 최대 에미
  리트

두바이
알 막툼가(家)
- 총리: 모하메드
- 왕세자: 함단
- 물류, 교역 및 관
  광 허브

샤르자

아지만

움알카이와인

라스알카이마

후자이라

UAE 연방 구조

행정부

대통령
- 국가원수/임기 5년
  - 연방최고회의에서 선출
- 관례적으로 아부다비 통치자가 선출
- UAE 통합군 총사령관 겸직

연방총리
- 내각 주재/임기 5년
- 대통령의 제청 및 연방최고회의 동의로 선출
- 관례적으로 두바이 통치자가 선출
- 국방부 장관 겸임

내각
- 구성: 각료 24명
- 연방총리가 제청, 연방최고회의에서 선출
- 법안 발의, 연방 예산 승인, 연방정부 감독
  - 연방 관련 법안 연방평의회 제출, 연방최고회의 상정 등
- 에미리트별로 각료 배분
  - 아부다비(외교, 내무, 고등교육과학 등)
  - 두바이(국방, 재정, 경제 등)
- 연방정부와 별도로 에미리트별로 독자적인 행정 조직을 가지고 있어 외교, 군사 등 연방정부 소관 외의 업무에 대해서는 각 에미리트 통치자가 결정

입법부

연방평의회
- 임기: 4년
- 구성: 40명
  - 에미리트별로 인구 비율에 따름
  - 아부다비 · 두바이 각 8명
  - 샤르자 · 라스알카이마 각 6명
  - 아지만 · 움알카이와인 · 후자이라 각 4명
- 선출: 에미리트별 임명 20명, 선거 20명
  - 2006년 12월, 20명을 선거에 의해 최초 선출
  - 2011년 9월, 두 번째로 선거 실시

사법부

연방최고법원
- 연방최고회의가 임명하는 5명의 재판관으로 구성
  - 주로 에미리트 간 분쟁 및 각 에미리트와 연방정부 간 분쟁 조정
  - 각 에미리트 법률의 합헌성 판단
- 연방 헌법은 에미리트별로 독자적인 입법 · 사법 권한 부여

기타 법원
- 연방법원과 지방법원
- 아부다비, 두바이, 라스알카이마는 독자적인 법원 운영
- 샤르자, 아지만, 움알카이와인, 후자이라는 연방법원의 관할 아래에 있음
- 그 밖에 에미리트별로 지방법원 성격의 민사, 형사법원

UAE 연방정부 조직

대통령 셰이크 칼리파 빈 자이드 알 나흐얀

연방총리 셰이크 모하메드 빈 라시드 알 막툼

부총리 셰이크 사이프 빈 자이드 알 나흐얀(내무부 장관)
셰이크 만수르 빈 자이드 알 나흐얀(대통령실 장관)

국방부 Ministry of Defense	에너지부 Ministry of Energy
내무부 Ministry of Interior	경제부 Ministry of Economy
대통령실 Ministry of Presidential Affairs	사회부 Ministry of Social Affairs
재정부 Ministry of Finance	교육부 Ministry of Education
외교부 Ministry of Foreign Affairs	보건부 Ministry of Health
고등교육과학부 Ministry of Higher Education, and Science Research	문화청소년지역사회개발부 Ministry of Culture, Youth and Community Development
공공사업부 Ministry of Public Works	연방평의회부 Ministry of State for Federal National Council Affairs
내각부 Ministry of Cabinet Affairs	노동부 Ministry of Labor
국제협력개발부 Ministry of Development & International Cooperation	법무부 Ministry of Justice
	환경수자원부 Ministry of Environment and Water

아부다비의 정부기구[*]

- 아부다비 통치자(Ruler of Abu Dhabi) : H. H. Sheikh Khalifa bin Zayed Al Nahyan
- 아부다비 왕세자(Crown Prince of Abu Dhabi) : H. H. Sheikh Mohammed bin Zayed Al Nahyan
- 아부다비 내각(Abu Dhabi Executive Council)
- 아부다비 내각사무국(GSEC : General Secretariat of the Executive Council)
- 아부다비 행정청(EAA : Executive Affairs Authority)
- 아부다비 교육위원회(ADEC : Abu Dhabi Education Council)
- 아부다비 스포츠위원회(ADSC : Abu Dhabi Sports Council)
- 아부다비 고용위원회(ADTC : Abu Dhabi Tawteen Council)
- 아부다비 경제개발위원회(Abu Dhabi Council for Economic Development)
- 아부다비 도시계획위원회(UPC : Urban Planning Council)
- 아부다비 경제개발부(DED : Department of Economic Development)
- 아부다비 재정부(DOF : Department of Finance)
- 아부다비 교통부(DOT : Department of Transport)
- 아부다비 지방행정부(DMA : Department of Municipal Affairs)
- 아부다비 시청(ADM : Department of Municipal Affairs-Municipality of Abu

---

[*] 아부다비 정부의 웹사이트(http://www.abudhabi.ae) 등을 참조하였으며, 여기에 기술한 기관들이 아부다비의 모든 정부조직이나 기관을 망라하지는 않는다.

Dhabi City)

- 알아인 시청(AACM: Department of Municipal Affairs-Al Ain City Municipality)
- 서부 지역 시청(ADM: Department of Municipal Affairs-Western Region Municipality)
- 서부지역개발위원회(WRDC: Western Region Development Council)
- 아부다비 회계청(ADAA: Abu Dhabi Accountability Authority)
- 아부다비 관세청(ADCA: Abu Dhabi Customs Administration)
- 아부다비 식품통제청(ADFCA: Abu Dhabi Food Control Authority)
- 아부다비 정부서비스청(Musanada: Abu Dhabi General Services)
- 아부다비 미디어(Abu Dhabi Media)
- 아부다비 품질·표준 위원회(QCC: Abu Dhabi Quality & Conformity Council)
- 아부다비 시스템·정보센터(ADSIC: Abu Dhabi Systems & Information Center)
- 아부다비 관광문화청(TCA: Abu Dhabi Tourism & Culture Authority)
- 아부다비 수전력청(ADWEA: Abu Dhabi Water & Electricity Authority)
- 중요시설 보호청(CICPA: Critical Infrastructure & Coastal Protection Authority)
- 아부다비 환경청(EAD: Environment Agency-Abu Dhabi)
- 이슬람청(GAIAE: General Authority of Islamic Affairs & Endowment)
- 청소년 스포츠청(YSW: General Authority of Youth & Sports Welfare)
- 항공청(GCAA: General Civil Aviation Authority)

- 아부다비 경찰청(ADP: General Directorate of Abu Dhabi Police)

- 아부다비 거주 · 외국인청(GDRFA: General Directorate of Residence & Foreigners Affairs)

- 아부다비 보건청(HAAD: Health Authority-Abu Dhabi)

- 아부다비 통계센터(SCAD: Statistics Center-Abu Dhabi)

- 아부다비 폐기물센터(CWM: The Center of Waste Management-Abu Dhabi)

- 아부다비 안전청(ADCD: The General Directorate of Civil Defense Abu Dhabi)

두바이의 정부기구[*]

- 두바이 통치자(Ruler of Dubai) : H. H. Sheikh Mohammed bin Rashid Al Maktoum
- 두바이 왕세자(Crown Prince of Dubai) : H. H. Sheikh Hamdan bin Mohammed Al Maktoum
- 두바이 부통치자(Deputy Rulers of Dubai)
  - −H. H. Sheikh Maktoum bin Mohammed Al Maktoum
  - −H. H. Sheikh Hamdan bin Rashid Al Maktoum
- 두바이 내각(Dubai Executive Council)
- 두바이 내각사무국(The Executive Office)
- 경제위원회(Economic Affairs Council)
- 두바이 교육위원회(Dubai Educational Council)
- 두바이 문화위원회(Dubai Cultural Council)
- 두바이 스포츠위원회(Dubai Sports Council)
- 최고재정위원회(Supreme Fiscal Committee)
- 두바이 경제개발부(Department of Economic Development)
- 두바이 재정부(Department of Finance)
- 두바이 관광 · 상업부(Department of Tourism & Commerce Marketing)
- 두바이 스마트부(Dubai Smart Department)

---

[*] 두바이 정부의 웹사이트(http://www.dubai.ae) 등을 참조하였으며, 여기에 기술한 기관들이 두바이의 모든 정부조직이나 기관을 망라하지는 않는다.

- 두바이 인적자원부(Dubai Government Human Resources Department)

- 재정검사부(Financial Audit Department)

- 토지부(Land Department)

- 의전부(Protocol Department of Dubai)

- 두바이 관세청(Dubai Customs)

- 두바이 시청(Municipality of Dubai)

- 두바이 교역청(Dubai Trade)

- 이슬람 · 자선활동청(Islamic Affairs & Charitable Activities)

- 두바이 경찰청(Dubai Police)

- 두바이 거주 및 외국인 업무청(General Directorate of Residence & Foreigners Affairs-Dubai)

- 두바이 통계청(Dubai Statistics Center)

- 두바이 안전청(Dubai Civil Defense)

- 두바이 수전력청(Dubai Electricity and Water Authority)

- 공동체 개발청(Community Development Authority)

- 두바이 공항 자유구역청(Dubai Airport Free Zone Authority)

- 두바이 항공청(Dubai Civil Aviation Authority)

- 두바이 문화청(Dubai Culture)

- 두바이 보건청(Dubai Health Authority)

- 지식 및 인적자원개발청(Knowledge & Human Development Authority)

- 도로교통청(Roads & Transport Authority)

- 두바이 법원(Dubai Courts)

- 두바이 검찰청(Dubai Public Prosecution)

중동 · 북아프리카(MENA) 지역 국가의 인구와 성장 전망

	인구 (백만 명)	1인당 GDP (달러)	성장률(%)			원유 생산량 (백만 배럴, 일)		
	2012	2012	2012	2013	2014	2012	2013	2014
○ 전 세계			3.2	2.9	3.6			
○ MENA			4.6	2.1	3.8			
석유 수출국			5.4	1.9	4.0	25.8	25.3	26.0
알제리	37.5	5,583	3.3	3.1	3.7	1.2	1.2	1.3
바레인	1.2	23,555	4.8	4.4	3.3	0.2	0.2	0.2
이란	76.1	7,207	-1.9	-1.5	1.3	2.8	2.5	2.4
이라크	33.7	6,305	8.4	3.7	6.3	3.0	3.0	3.3
쿠웨이트	3.8	48,761	6.2	0.8	2.6	3.0	2.9	2.9
리비아	6.4	12,778	104.5	-5.1	25.5	1.5	1.0	1.4
오만	3.1	25,356	5.0	5.1	3.4	0.9	0.9	0.9
카타르	1.8	104,756	6.2	5.1	5.0	0.7	0.7	0.7
사우디아라비아	29.0	24,524	5.1	3.6	4.4	9.8	9.7	9.9
UAE	8.8	43,774	4.4	4.0	3.9	2.6	2.8	2.8
예멘	25.9	1,367	2.4	6.0	3.4	0.2	0.2	0.2
※ GCC 국가	47.7		5.2	3.7	4.1	17.2	17.2	17.5
석유 수입국			2.0	2.8	3.1			
지부티	0.9	1,523	4.8	5.0	6.0			
이집트	82.5	3,112	2.2	1.8	2.8			
요르단	6.4	4,879	2.8	3.3	3.5			
레바논	4.0	10,311	1.5	1.5	1.5			
모리타니	3.6	1,086	6.9	6.4	6.4			
모로코	32.5	2,956	2.7	5.1	3.8			
수단	33.5	1,806	-3.3	3.9	2.5			
시리아	21.4	–	–	–	–			
튀니지	10.8	4,213	3.6	3.0	3.7			

	경상수지(억 달러)			경상수지(GDP 대비, %)			소비자물가 상승률(%)		
	2012	2013	2014	2012	2013	2014	2012	2013	2014
○ MENA				13.2	10.3	9.3	11.2	13.6	10.8
석유 수출국	4,626	3,546	3,292	17.4	13.9	12.4	12.1	15.1	11.3
알제리	123	40	27	5.9	1.8	1.2	8.9	5.0	4.5
바레인	22	38	34	8.2	13.5	11.9	2.8	2.7	2.3
이란	272	119	10	5.0	3.1	0.3	30.5	42.3	29.0
이라크	149	15	20	7.0	0.7	0.8	6.1	2.3	5.0
쿠웨이트	798	721	710	43.2	38.7	37.7	3.2	3.0	3.5
리비아	239	− 34	− 44	29.2	− 4.7	− 4.7	6.1	3.6	9.4
오만	91	83	61	11.6	10.1	7.3	2.9	2.8	3.2
카타르	623	592	538	32.4	29.6	25.6	1.9	3.7	4.0
사우디아라비아	1,647	1,389	1,320	23.2	19.3	17.7	2.9	3.8	3.6
UAE	666	594	628	17.3	15.2	15.6	0.7	1.5	2.5
예멘	− 3	− 11	− 15	− 0.9	− 2.7	− 3.4	9.9	12.0	12.0
※ GCC 국가	3,846	3,417	3,293	24.4	21.3	19.8	2.4	3.2	3.4
석유 수입국	− 415	− 369	− 286	− 7.7	− 6.7	− 4.9	8.6	9.0	9.2
지부티	− 2	− 2	− 2	− 12.3	− 13.1	− 15.1	3.7	2.7	2.5
이집트	− 79	− 69	− 23	− 3.1	− 2.6	− 0.9	7.8	8.6	10.5
요르단	− 56	− 34	− 33	− 18.1	− 9.9	− 9.1	4.8	5.9	3.2
레바논	− 67	− 73	− 76	− 16.2	− 16.7	− 16.7	6.6	6.3	3.1
모리타니	− 13	− 14	− 10	− 32.7	− 34.3	− 22.6	4.9	4.2	5.2
모로코	− 96	− 76	− 69	− 10.0	− 7.2	− 6.1	1.3	2.3	2.5
수단	− 65	− 63	− 39	− 10.8	− 11.9	− 7.0	35.5	32.1	27.4
시리아	−	−	−	−	−	−	−	−	−
튀니지	− 37	− 39	− 34	− 8.1	− 8.0	− 6.6	5.6	6.0	4.7

주: 2013년 이후의 통계수치는 전망치이다.
자료: IMF (November 2013), Regional Economic Outlook: Middle East and Central Asia.